PAGNOL
INÉDIT

MARCEL PAGNOL
de l'Académie Française

INÉDITS

Réunis par
Jacqueline et Frédéric Pagnol

VERTIGES DU NORD / CARRERE

Direction technique : 9 bis, rue Montenotte 75017 Paris
Siège social : 27, rue de Surène, 75008 Paris

ISBN 2-86804-357-7

NOTE DE L'ÉDITEUR

Les textes réunis ici ont été écrits entre les années 40 et 60, et sont des réflexions, des interrogations que Marcel Pagnol s'adresse à lui-même, porté par son immense curiosité pour toutes les choses de la vie. Textes écrits sur des cahiers d'écolier, à l'encre noire et à la plume où, de temps à autre, s'accrochaient les poils de son chat persan. Questions personnelles et sans prétention, nourries de sa mémoire encyclopédique : *« Une mine de connaissances »*, nous dit Frédéric, son fils.

Ces thèmes remplissaient les conversations de tous les jours : *« Mon père me parlait de tout, sauf de ce qu'il était en train d'écrire. »* Curieux de tout ce qui l'entourait et l'intriguait, Pagnol s'est intéressé de près aux mathématiques, à la physique moléculaire, à la thermodynamique, réussissant toujours des mises en scène étonnantes, avec les sujets les plus arides.

A la lecture de ces textes, on dépasse vite l'image de l'écrivain provençal, qui s'est installée dans l'esprit du public. Avec une vision mathématique implacable, des idées simples et tranchantes, opérant toujours à la racine des choses, sans le poids des fioritures et des considérations romantiques, il réduit les équations humaines à leur plus simple expression, en en enlevant le côté sentimental qui a motivé bien des événements.

Ces idées forment sans doute le substrat de l'ensemble de son œuvre et témoignent également de sa persévérance dans la recherche et son entêtement dans la poursuite d'une vérité. Sa vision de l'homme et de ses mésaventures est à la fois sombre et teintée de fatalisme oriental; il se penche comme un entomologiste sur les mœurs et coutumes de l'espèce qui est la nôtre et en dégage des aspects qui ne sont pas toujours réjouissants. Il établit des constatations, dénuées de toute arrière-pensée politicienne. Toujours du côté du bon sens et de la logique, libre penseur total, il n'a jamais adhéré à un parti.

De l'essai impitoyable sur les abeilles et les fourmis, ces insectes si admirés pour la perfection de leur ouvrage, surgit la condamnation de la spécialisation à outrance d'une espèce, qui devient, tout entière, un outil sans âme. Il voit le danger de l'uniformisation des individus dans le but de l'optimisation du rendement, qui fait disparaître la poésie et le hasard.

Chargé du Comité d'Épuration par la Société des Auteurs, à la Libération, il a le souci déontologique de rédiger pour lui-même un texte, afin de préciser, dans la mesure du possible, où commence la Collaboration. Sage précaution, car nombre de lettres anonymes de dénonciation arrivèrent sur son bureau. Plus tard, il confiait à son épouse : *« Je n'ai condamné qu'un seul auteur à être suspendu de représentation pendant trois ans. Mais c'était un auteur que l'on jouait tous les dix ans, je ne pense donc pas lui avoir fait beaucoup de tort. »*

« Les Canards Danseurs », cette *« historiette sans grand intérêt »*, forme ici le noyau de tous ces textes et explique la vision de l'humain comme celle d'une marionnette qui danse parce qu'elle se brûle les pieds, qui agit non pas selon sa volonté, comme elle le croit, mais suivant ce qui se passe ailleurs, et notamment dans les profondeurs de la Terre, seul astre qui nous influence d'une manière tangible. Collés à lui, nous subissons ses radiations, nous nous chauffons à ses soleils souterrains. Des civilisations naissent et s'éteignent selon les modifications profondes d'une planète que nous connaissons à peine.

Comme Jean de Florette, Pagnol a cherché l'eau des collines, a foré le sol avec une sonde de sa conception, a cru découvrir de l'uranium dans les environs de Marseille, a rêvé sur les déserts, – « terres brûlées par le feu souterrain » –, a tenté « avec la tranquille sérénité de l'ignorance » de modifier le cours de la médecine, en la détournant de la chasse aux « petits tigres » que sont les microbes et les virus, et a imaginé des expériences qui poétisaient les lois de la physique. Ses textes, bien que traitant parfois de sujets arides, sont toujours empreints de l'humour qu'on retrouve par ailleurs dans ses œuvres, et ses conclusions laissent toujours place à l'erreur et à la modestie.

« Lorsque Frédéric était petit, nous raconte Jacqueline Pagnol, *son père venait l'embrasser dans son lit. Avant de s'endormir, Frédéric lui demandait : " Raconte-moi comment on fait le savon ", ou " comment on fait une locomotive ", " comment on construit une maison ", " comment on a fait la Tour Eiffel ", et tous les soirs, il lui racontait un conte de fées technique. »*

Grâce à Jacqueline et Frédéric Pagnol, ces contes de fées s'adressent aujourd'hui à tous les lecteurs. A tous ceux qui aiment Pagnol l'écrivain, et qui découvriront dans ces pages un esprit universel, curieux des choses de la vie. Un homme complet.

Il est bien facile de voir que marcher,
c'est ramper debout.

Le véritable homme de science est d'abord un observateur, puis un expérimentateur, enfin un théoricien.

Je suis bien trop ignorant pour suivre cette méthode, et dans ce petit mémoire, ~~j'ai suivi la méthode~~ j'ai ~~to~~ justement fait tout le contraire. J'ai procédé comme les géomètres, qui exposent d'abord le théorème, et s'efforcent ensuite d'en démontrer l'exactitude. En somme, d'abord l'intuition, qui apporte d'une façon mystérieuse une incertaine certitude. Puis, la raison raisonnante, qui mesure, pèse, vérifie et ~~prouve~~ invente les expériences.

Voilà pourquoi, dans ces premières pages, je vais tout d'abord affirmer, ~~sans l'ombre d'une preuve~~, ce que j'espère ensuite démontrer par la raison, et prouver par l'expérience.

avec la sérénité de l'ignorance,

Le véritable homme de science est d'abord un observateur, puis un expérimentateur, enfin un théoricien.

Je suis bien trop ignorant pour suivre cette méthode, et dans ce petit mémoire. j'ai justement fait tout le contraire. J'ai procédé comme les géomètres, qui exposent d'abord le théorème, et s'efforcent ensuite d'en démontrer l'exactitude.

En somme, d'abord l'intuition, qui apporte d'une façon mystérieuse une incertaine certitude. Puis, la raison raisonnante, qui mesure, pèse, vérifie et invente les expériences. Voilà pourquoi, dans ces premières pages, je vais tout d'abord affirmer avec la sérénité de l'ignorance, ce que j'espère ensuite démontrer par la raison, et prouver par l'expérience.

I

CIVILISATIONS ET SOCIÉTÉ

ESSAI SUR LES SOCIÉTÉS

Il n'y a que trois moteurs pour mettre en action le travail des hommes : l'amour, l'intérêt, la peur.

L'amour est un moteur puissant, mais inconstant.

L'amour pour une personne (fils, femme, dictateur) disparaît avec elle, et souvent même avant elle. De plus, l'amour est un fait personnel, c'est-à-dire qu'il ne s'impose pas à tout le monde en même temps.

Les seuls moteurs constants et inusables sont l'intérêt ou la peur.

Les sociétés capitalistes, qui ont longuement construit la civilisation actuelle, avaient pour moteur l'intérêt personnel de chacun de leurs membres.

Chacun voulait gagner une maison plus confortable, une femme plus élégante, une nourriture meilleure pour sa famille.

Chacun voulait aussi gagner un rang plus honoré, exercer une autorité plus grande.

Par intérêt personnel élargi, chacun voulait aussi que son peuple ou sa nation fût plus puissante et plus respectée que les nations voisines. Cette forme de l'intérêt personnel s'appelle le patriotisme. Il nous inspire souvent le désir de sacrifier notre intérêt particulier à l'intérêt personnel que nous ressentons pour notre patrie, c'est-à-dire notre tribu, c'est-à-dire notre famille, c'est-à-dire nous-mêmes.

Ce moteur est le plus puissant qui soit. Il ne s'affaiblit que dans la maladie; il semble avoir toujours eu la même puissance, dans tous les temps et sous tous les climats.

Cependant, il y a 2 000 ans le Christ tenta de le remplacer par un autre moteur, l'Amour, qui mêlait très intimement l'amour de Dieu et l'Amour du prochain, son échec fut complet.

L'Amour de Dieu fut presque immédiatement remplacé par le désir de s'assurer une place au Paradis, et l'amour du prochain ne fut plus qu'un moyen d'obtenir cette place par des actes de charité.

De nos jours, Karl Marx, autre Juif, écrivit un nouvel Évangile.

Il ne promettait pas le ciel, et l'égalité de toutes les âmes au ciel, devant Dieu.

Il promettait la terre, et l'égalité de tous les hommes sur la terre, devant l'État devenu Dieu.

Ce mot d'égalité supprime le grand moteur, l'intérêt personnel. Si je ne puis pas devenir plus riche que mon voisin, ce n'est pas la peine de travailler – ou du moins, ce n'est pas la peine de travailler plus que lui.

Il y a bien d'autres moteurs, comme l'amour du prochain, l'amour de l'humanité, l'amour du socialisme... Mais ce sont là des motifs d'action qui n'agissent que sur des âmes nobles, c'est-à-dire un homme sur cent mille. Les autres peuvent s'enflammer pour quelques heures, parfois pour quelques jours : puis, la flamme de l'idéalisme s'éteint, et le feu de l'intérêt personnel se rallume tout à coup.

L'échec du marxisme a été aussi complet, en Russie, que celui du christianisme dans le monde entier.

Cependant, au moment même où sont mortes ces deux doctrines qui voulaient supprimer l'intérêt personnel, l'intérêt personnel les sauva.

En effet, ceux qui les avaient prêchées, ceux qui les avaient installées, étaient devenus évêques ou ministres. On sait que ce genre de personnes ne pourrait en aucun cas retrouver une situation équivalente. Leur intérêt personnel leur commandait donc de soutenir imperturbablement leur doctrine, d'en nier l'échec, de l'imposer aux masses, et de faire marcher la machine.

Avec quel moteur ? Ils n'avaient pas le choix, il n'en restait qu'un : la peur.

La peur est aussi forte que l'intérêt personnel, parce qu'elle en fait partie. On travaille par intérêt personnel, on obéit par intérêt personnel, car le premier but de l'intérêt personnel, c'est de ne pas souffrir.

[1942]

Essai sur
les Sociétés

—

Il n'y a que trois moteurs pour mettre en action le travail des hommes : l'amour, l'intérêt, la ~~terreur~~ peur.

L'amour est un moteur puissant, mais inconstant. L'amour pour une personne (fils, femme, dictateur) disparaît avec elle, et souvent même avant elle. De plus, l'amour est un fait personnel, c'est à dire qu'il ne s'impose pas à tout le monde en même temps.

Les seuls moteurs constants et inusables sont l'intérêt ou la peur.

Les sociétés capitalistes, qui ont

longuement construit la civilisation actuelle, avaient pour moteur l'intérêt personnel de chacun de leurs membres.

Chacun voulait gagner une maison ~~meilleure,~~ plus confortable, une femme plus élégante, une nourriture meilleure pour sa famille.

Chacun voulait aussi gagner un rang plus honoré, exercer une autorité plus grande.

Par intérêt personnel élargi, chacun voulait aussi que son peuple ou sa nation fût plus puissante et plus respectée que les nations voisines. Cette forme de l'intérêt personnel s'appelle le patriotisme. Il nous inspire souvent le désir de sacrifier notre intérêt particulier à l'intérêt personnel que nous ~~avons~~

ABEILLES ET FOURMIS

Un enfant, à grand-peine, apprend à jouer du violon. Il essaie de comprendre avec son intelligence, puis, avec cette même intelligence, de commander aux doigts de sa main gauche des mouvements très particuliers et très précis.

Au bout de quinze ans, c'est un virtuose. Mais dans un accident stupide, il perd le petit doigt de la main gauche. Sa carrière est finie. Il ne sait plus jouer du violon.

Pourquoi ne jouerait-il pas de la main droite? La main gauche mutilée pourrait tenir l'archet.

Non. Ce n'est pas son cerveau qui sait jouer du violon : c'était sa main gauche qui savait pincer les cordes, et sa main droite qui savait tenir l'archet.

Ses longues années d'étude, ces gammmes, ces exercices recommencés cent fois par jour, avaient pour but de faire passer son intelligence dans ses doigts, ses poignets, ses bras. Ce transfert s'était fait à grand-peine, et par très petites quantités. Ainsi, chacun des muscles de ses mains et de ses bras est devenu une sorte de petit cerveau, chargé d'une certaine fonction particulière, dont le cerveau central est déchargé. Ce cerveau central n'a plus qu'un rôle de chef, c'est-à-dire qu'il donne l'ordre de commencer, ou de s'arrêter, et qu'il règle l'allure de la mécanique, qu'il modère ou qu'il augmente sa puissance, et il n'a plus besoin d'exécuter lui-même les ordres qu'il donne.

Mais il arrive aussi que le cerveau central soit entièrement dépossédé.

La première fois que j'ai voulu conduire une voiture

automobile, celui qui m'enseignait cet art m'a montré les pédales, et m'a expliqué l'utilité de chacune, et la façon de s'en servir. J'ai parfaitement compris ses explications. Avec toute mon intelligence, aiguisée par la peur, j'ai commencé à faire les manœuvres nécessaires, qui sont très simples. Mais je n'ai pas réussi du premier coup à conjuguer un certain nombre de mouvements divers et simultanés. Il m'a fallu dix leçons, et une année d'expérience pour devenir un bon conducteur. Maintenant, je pilote ma voiture non seulement sans y penser, mais encore en pensant à autre chose.

Or, la semaine dernière, un ami m'a conduit, dans sa voiture, de Paris à Versailles. Il tenait le volant, j'étais assis à côté de lui. La voiture était encombrée de bagages. Mon ami m'a dit :

– Fais attention : tu as un bidon d'huile devant tes pieds.

C'était un bidon de deux litres, tout neuf et tout propre.

Quand nous sommes arrivés à Versailles, il était crevé, parce que tout le long de la route, mes jambes avaient appuyé sur le débrayage ou sur le frein – et elles avaient agi de leur propre volonté, sans mon consentement, et malgré ma défense.

Ce tranfert de l'intelligence dans diverses parties du corps, cette sorte d'extension du cerveau est indispensable à l'être humain.

S'il nous fallait, à chaque pas, nous remémorer la théorie complète de la marche verticale, et tracer sur le sol, par la pensée, notre polygone de sustentation, il nous serait bien difficile d'aller acheter un journal au coin de la rue. De plus, notre cerveau, continuellement occupé par un problème sans cesse résolu, mais sans cesse renaissant, n'aurait jamais le temps de penser à autre chose, sauf quand nous serions assis. Mais là, d'autres problèmes vitaux se poseraient, par exemple au moment de manger.

Il nous faudrait bien réfléchir, et prendre d'exactes mesures pour mettre la nourriture dans notre bouche, et non dans l'œil, comme il arrive aux petits enfants. Un très court examen prouvera au lecteur que presque tous nos actes quotidiens – indispensables à la vie – sont des actions très compliquées, qu'il nous faudrait toute notre intelligence pour en réussir un seul, et qu'il nous serait impossible, par notre seule activité cérébrale, d'en réussir plusieurs à la fois.

On peut donc dire que l'intelligence nous sert chaque fois que nous attaquons un problème nouveau.

Lorsque le problème est résolu, le cerveau fait connaître la solution à des centaines de petits cerveaux domestiques, qui se chargeront désormais de l'appliquer, et qui laisseront ainsi au cerveau central toute sa liberté, afin qu'il puisse résoudre les problèmes nouveaux qui pourraient se présenter.

Le fonctionnement de notre machine est donc d'une admirable commodité. Mais il nous expose à un très grand danger.

Il est clair que l'intelligence, ainsi déposée dans nos membres, n'est plus de l'intelligence véritable, puisqu'elle fonctionne automatiquement, qu'elle a quitté le champ lumineux de la conscience. Elle est devenue ce que nous appelons de l'instinct. Nous dirons, pour ne point chagriner les philosophes, de *l'instinct personnel,* et nous ferons une différence entre cet instinct personnel, c'est-à-dire acquis par l'individu, et l'instinct inné, c'est-à-dire héréditaire.

Nous sommes d'ailleurs persuadés que l'instinct personnel devient très vite héréditaire, si les descendants sont placés, pendant quelques générations, dans la même situation que l'acquéreur.

On voit ici le danger.

On a dit bien souvent que presque tous les enfants avaient du génie. Sans aller si loin, on peut admettre que leur intelligence est beaucoup plus vive, plus rapide, plus éveillée que celle de l'homme de cinquante ans.

Nous expliquerons en faisant remarquer que l'enfant, qui ne sait rien, a besoin de tout apprendre, et que tous les problèmes – même les plus simples, sont nouveaux pour lui. C'est-à-dire que son intelligence est sans cesse occupée à les résoudre; et dès qu'elle a confié une solution à sa mémoire ou à ses muscles, elle est sollicitée par un nouveau problème qu'elle essaie aussitôt de résoudre à son tour. Par ce continuel exercice, elle grandit et s'élève en même temps que le corps.

Puis, il vient un moment où presque tous les problèmes quotidiens ont été résolus.

Le bébé a maintenant quarante ans. Il sait marcher, boire,

manger. Quand je dis il sait, je veux dire qu'il n'a même plus conscience de la série de gestes qu'il doit faire pour exécuter ces opérations.

Il a réussi à son baccalauréat, puis à sa licence ès Lettres. Depuis vingt ans, il enseigne le latin et le français dans un collège de province. Il est célibataire, il n'a pas d'enfant. Depuis vingt ans, il déjeune et il dîne dans le même restaurant. Il a mis au point son cours de cinquième, et c'est un excellent professeur. Mais il refuse de changer de classe, parce qu'il faudrait se remettre à chercher de nouvelles solutions aux problèmes de son métier. Chaque soir, il fait son petit tour de ville, corrige les devoirs de ses élèves et va jouer à la belotte au café Oriental.

Je dis que son intelligence est fortement diminuée, parce qu'il ne s'en sert presque jamais, parce qu'il a la mémoire, les muscles et les poches remplis de solutions excellentes, mais toute prêtes, et que l'intelligence, comme un muscle, s'ankylose et s'atrophie par le non-usage.

Ce professeur – qui est, je le répète, un excellent professeur – ne deviendra pas vieux. A soixante ans, on le mettra à la retraite. Depuis des années, il soupirait après ce jour béni, et il disait à qui voulait l'entendre « qu'il s'en irait planter ses choux ». Mais au bout de trois mois, le voici revenu. L'air de la campagne ne lui réussit pas. Il donne des leçons particulières; il va au collège, rendre visite à son successeur. Sa collection de solutions devenues inutiles, et dont l'usage était nécessaire à son équilibre, l'accable. Et voici qu'il meurt avant soixante-cinq ans, d'un « accident » banal, pour avoir mis une chemise humide, ou pour être resté dans un courant d'air, ou pour une piqûre au doigt avec un clou rouillé.

En réalité, c'est une machine qui tournait à vide, et qui s'est arrêtée au moindre prétexte. Il était devenu cette machine parce qu'il avait laissé s'éteindre la flamme de l'intelligence. C'est là ce qui me frappe chez certains vieillards.

Ils accomplissent encore à la perfection des actes professionnels qui exigeraient d'un jeune homme un assez long apprentissage. Mais ils ne peuvent plus rien apprendre, et si je les regarde cruellement, je vois avec terreur qu'ils sont inhabités.

De même, le bon ouvrier, qui après avoir brillamment résolu les problèmes de l'enfance, de l'adolescence, et de l'apprentissage, entre dans une grande usine, pour y travailler à la chaîne. Son cas est encore plus grave que celui du professeur de province. Le geste qu'il fait est trop simple, et il le fait mille fois par jour. Son intelligence inutile va s'endormir et s'éteindre, à moins qu'il ne fasse – avec une violence très explicable – de la politique.

Et voici maintenant bien au-delà de l'individu, l'effroyable danger qui menace peut-être la race des hommes.

Nous avons dit que l'homme, pour la commodité de sa vie, et par un mécanisme naturel, transformait en *instinct personnel* les conquêtes de son intelligence.

Il est infiniment probable que les enfants héritent, dans une certaine mesure, des instincts personnels du père.

Nous avons tous connu des familles de militaires, de professeurs, d'avocats, de maçons, de notaires. Certes, le descendant de cinq notaires successifs pourrait encore apprendre un autre métier. Mais le descendant de trente générations ?

Le danger est beaucoup plus grand pour l'ouvrier d'usine, parce que le geste à quoi se résume sa profession est un acte physique, et répété, dans la vie du sujet, mille fois par jour pendant des années. L'abdication de son intelligence est donc plus rapide, et plus complète.

Il est possible que dix générations de travail à la chaîne rendent l'ouvrier impropre à toute autre occupation. Il est possible qu'après vingt générations, l'ouvrier naisse avec l'intelligence d'un cheval ou d'un chien. Il est possible qu'à la 300e génération, l'ouvrier ne soit plus qu'un insecte, comparable à l'abeille ou à la fourmi.

On a écrit des pages poétiques sur les insectes, et en particulier sur les abeilles. La diligente abeille, la petite reine du miel, le modèle du travail et de toutes les vertus. On a aussi parlé, naturellement, de son intelligence.

De telles pages ne peuvent avoir été écrites que par des crétins, ou des menteurs.

L'abeille est une petite mécanique bourdonnante, qui vole en grande hâte d'une fleur à une autre, ramasse le pollen, et le rapporte aussi vite qu'elle peut vers « sa » ruche, c'est-à-dire vers le piège préparé par les hommes.

Elle ne s'arrête jamais parce qu'elle ne peut pas faire autrement. Ceux qui admirent ce « labeur incessant » pourraient tout aussi bien louer le mérite et le sens moral des particules qui dansent éternellement dans les mouvements browniens. Quant à la solidarité des « petites ouvrières », et pour tout dire, quant à leur esprit de famille, celui des vertueux électrons me paraît tout aussi digne de respect.

Enfin, ce petit minéral voltigeant construit – pour des enfants qui ne sont pas à lui, car il est une chose morte – des cellules vigoureusement semblables. « Songez, dit l'un de leurs admirateurs, que ces cellules octogonales sont de dimensions parfaitement égales, au centième de millimètre près. » Et pourtant, il serait possible de faire tant de cellules, plus grandes ou plus petites, triangulaires, ou hexagonales, ou circulaires! De cette régularité – qui fait penser à celle des cristaux – je conclus que le merveilleux petit architecte fait cette cellule mirifique pour la simple raison qu'il est absolument incapable d'en faire une autre, et que c'est là son irréparable infirmité. Je saluerais bien volontiers une abeille qui ferait une cellule carrée mais ce serait une abeille folle, promptement assassinée par ses « chères petites sœurs ».

En ce qui concerne leur sensibilité, il faut lire dans le grand Maeterlinck le massacre des frelons. Ils étaient jusque-là l'objet de tous les soins des « diligentes ouvrières ». On les gavait de miel (car ces intelligentes républicaines n'ont jamais pensé à manger rien d'autre) on les laissait dormir paresseusement au soleil. Dès que la reine est fécondée, ils ne serviront plus à rien. Alors les charmantes petites sœurs s'approchent de leurs frères, et les massacrent avec un sang-froid parfait.

Pourquoi? Parce qu'il faut supprimer les bouches inutiles. Ces frelons, si on les laissait vivre, pourraient manger, à eux tous, un demi-kilo de miel par an. L'abeille, dit-on, est « économe ». Mais elle est encore plus bête puisqu'elle n'a pas compris, après des siècles, que l'homme venait chaque année lui voler les deux tiers de ses rayons.

Enfin, il faut dire un mot de l'amour dans la ruche. Seule, la reine connaît l'amour. Elle le connaît si bien qu'après avoir reçu un seul baiser dans toute sa vie, elle expulse, de son derrière douloureux et hypertrophié, des milliers d'œufs agglutinés. Voilà ce qu'elles ont fait de l'amour : un bref clystère suivi d'une longue diarrhée. Tout cela est d'une bêtise infâme, tout cela est répugnant; je ne puis m'approcher d'une ruche sans éprouver un sentiment de mépris, de dégoût et d'horreur.

D'où vient donc cette admiration que l'abeille semble inspirer aux moralistes? C'est que les moralistes appartiennent, en général, aux classes dirigeantes : c'est pourquoi ils les citent en exemple, les offrent pour modèles et enfin, ils les appellent ouvrières, parce qu'elles représentent l'idéal qu'ils voudraient imposer à leurs ouvriers.

La termitière et la fourmilière sont des sociétés du même genre. Même activité fébrile, même agitation désespérée, sans autre but que de perpétuer l'espèce, mêmes sacrifices d'un héroïsme glacé – c'est-à-dire de faire et de nourrir d'autres petits morceaux de matière automobile, qui n'auront aucune valeur, même à leurs propres yeux, puisqu'ils se sacrifieront à leur tour à d'autres, qui seront aussi bêtes qu'eux.

Comment expliquer l'existence de ces vertueuses colonies? Car enfin, leur système, si efficace au point de vue pratique, semble avoir été mis au point par une longue suite de raisonnements, alors que ces êtres sont visiblement dépourvus de toute intelligence.

Pour Henri Fabre, catholique fervent, c'est extrêmement simple : la ruche ou la fourmilière sont des créations de Dieu, et c'est l'intelligence divine qui régla, dès le premier jour du monde, ces ballets alimentaires. Les religions sont des systèmes métaphysiques tout prêts, et qui ont la prétention de tout expliquer en disant que les voies de Dieu (sur lesquelles le croyant se promène comme chez lui) sont impénétrables, ce qui signifie, en langage ordinaire (celui de mon adjudant) : « Ne cherchez pas à comprendre ».

Mais pour un profane – ou, si vous préférez, un esprit fort – quelle explication peut-il proposer ?

J'ai lu bien souvent de longues phrases qui signifient à peu près ceci : « C'est le génie de l'espèce qui, au cours des siècles, a mis au point la fourmilière. » « C'est une intelligence collective et immortelle, qui a, par une évolution lente, façonné etc. »

On pourrait dire tout aussi bien que les mathématiques ont été inventées par l'espèce humaine. Je vois distinctement un homme de la préhistoire qui invente le nombre un, puis, dans sa vieillesse, le nombre deux. Son fils, trente ans plus tard, aura l'idée du trois, et ses petits-enfants découvriront le quatre et le cinq.

Un tel processus ne satisfait pas mon esprit. Il me semble, au contraire, que le premier homme chez qui s'éveilla l'intelligence, et qui eut l'idée de compter, inventa d'un seul coup les mathématiques – et lorsqu'il décida que sa main avait cinq doigts, en la regardant au soleil, devant la grotte familiale, il mesurait déjà le tour de la terre, le tourbillon des nébuleuses, la course et le poids des étoiles. Rien ne peut naître que de l'intelligence, et l'intelligence est aussi personnelle, aussi fermée sur elle-même que la vie.

Le premier Esquimau qui s'est mis dans une peau d'ours, c'est parce qu'il avait froid. Mais c'est avec son intelligence qu'il a compris que cette fourrure protégerait sa chaleur animale.

Mais qui a fait les poils de l'ours ? C'est l'instinct, c'est-à-dire l'intelligence corporelle de cet animal, qui les a fait pousser, comme une réponse à l'action du froid extérieur.

Ainsi, pendant les vacances, lorsque je vais aider les bûcherons, ma main fabrique des petits coussinets de corne à la naissance de mes doigts. C'est sa réponse protectrice au frottement du manche des cognées. J'en suis le premier étonné, parce que mon cerveau n'y est pour rien. Et même si j'essayais, par un acte de ma volonté, d'arrêter cette fabrication cornée, je n'y réussirais pas.

Notre explication de la fourmilière serait celle-ci.

En ce qui concerne leur sensibilité, il faut lire dans le grand Maeterlinck le massacre des frelons. Ils étaient jusque là l'objet de tous les soins des "diligentes ouvrières". On les gavait de miel (car ces intelligentes républicaines n'ont jamais pensé à manger rien d'autre) on les laissait dormir paresseusement au soleil. Dès que la reine est fécondée, ils ne serviront plus à rien. Alors les charmantes petites soeurs s'approchent de leurs frères, et les massacrent avec un sang froid parfait.

Pourquoi ? Parceque ~~l'abeille est économe et~~ qu'il faut supprimer les bouches inutiles. Ces frelons, si on les laissait vivre, pourraient manger, à eux tous, un demi kilog de miel par an. L'abeille, dit-on, est "économe". Mais elle est encore plus bête puisqu'elle n'a pas compris, après des siècles, que l'homme venait chaque année lui voler les deux tiers de ses rayons.

Enfin, il faut dire un mot de l'amour dans la ruche. Seule, la reine connaît l'amour. Elle le connaît si bien qu'après avoir reçu un seul baiser dans toute sa vie, elle expulse, de son derrière douloureux et hypertrophié, des milliers d'œufs agglutinés. Voilà ce qu'elles ont fait de l'amour : un bref clystère suivi d'une longue diarrhée. Tout celà est d'une bêtise infâme, tout cela est répugnant ; je ne puis m'approcher d'une ruche sans éprouver un sentiment de mépris de dégoût et d'horreur.

D'où vient donc cette admiration que l'abeille semble inspirer aux moralistes
C'est que les moralistes appartiennent en

Il était une fois – il y a des millions d'années – une race d'êtres vivants qui habitaient le jardin d'Eden, c'est-à-dire un milieu où tous leurs besoins matériels étaient satisfaits sans le moindre effort. Ils avaient donc le temps d'aimer, de penser, et de connaître. Quelle était leur apparence? Probablement la nôtre; mais ils étaient sans doute plus grands et plus beaux, et tels que leur image lointaine a survécu dans les vieilles mythologies.

Un jour, survint la colère de Dieu.

Je veux dire par là une catastrophe cosmique. Non pas un changement brutal : rien n'est rapide dans le jeu des astres, car les nombres énormes qui mesurent leur vitesse ne sont que peu de chose auprès de ceux qui mesurent leurs distances. La catastrophe cosmique produisit un lent changement du milieu, c'est-à-dire des conditions de vie. Il devint peu à peu plus difficile de trouver de la nourriture, à cause de l'installation des saisons. Les êtres vivants commencèrent à dépérir, et ils virent que les enfants perdaient peu à peu la force et l'intelligence de leurs pères.

Alors l'un d'entre eux – qui était déjà bien fatigué – inventa l'organisation.

L'organisation, c'est un ensemble de lois et de règlements rigides qui ont pour but de faire face aux difficultés de la vie matérielle.

Il réunit ses frères et ses sœurs, et il leur tint ce langage :

« Frères et sœurs, l'âge d'or est passé. Notre soleil s'obscurcit chaque jour, et vous avez dû remarquer que les fruits de cette année sont plus petits et moins nombreux que ceux de l'année dernière.

D'ailleurs, la simple vue des oranges et des bananes du siècle dernier, dont il reste quelques spécimens dans nos musées, nous prouve que depuis cent ans tout diminue et dégénère autour de nous, ainsi d'ailleurs que nous-mêmes.

Cette situation ne peut que s'aggraver, et il nous faut conserver la race. Nous allons donc nous organiser pour faire face aux dangers mortels dont le cercle menaçant se resserre chaque jour.

Voici quelles seront les grandes lignes de notre organisation.

Tout d'abord, nous supprimerons l'amour, qui nous fait

perdre la meilleure partie de notre temps. J'entends bien qu'il est indispensable de faire des enfants. Mais il n'est pas nécessaire que tout le monde en fasse. Cette fonction sera réservée à un certain nombre de mâles et de femelles, qui consacreront à la reproduction toute leur volonté, toutes leurs forces, tout leur temps.

Parce que la fonction crée l'organe, surtout si la volonté du fonctionnaire l'aide à s'identifier à sa fonction, il est permis d'espérer qu'avant quelques millénaires (car je vois très loin dans le temps), nos femelles spécialisées pourront produire des millions d'enfants chaque jour, nos mâles pourront féconder un grand nombre de femelles. L'idéal – qu'il n'est pas impossible d'atteindre – serait d'en arriver a une production d'œufs suffisante pour maintenir la population de la tribu, avec une seule femelle et un seul mâle spécialisés, et par une seule fécondation. Je crois inutile de vous dire qu'il faudra ensuite tuer ce mâle monstrueux, qui ne sera plus bon à rien, quand il aura rempli sa mission.

Ainsi, tous les autres membres de notre peuple devront être châtrés, tout au moins pendant les premières générations. Il n'est pas absurde de croire que la reine, si elle y consacre toute son intelligence et toute sa volonté, finira par être capable de produire des êtres sans sexe, ou tout au moins dont les organes sexuels seront si élégamment atrophiés qu'ils ne pourront plus servir à rien.

Lorsqu'elle y aura réussi, elle n'aura plus besoin d'y penser, çà se fera tout seul.

Les êtres sans sexe auront ainsi tout leur temps pour travailler, ils n'auront pas d'autre pensée, pas d'autre désir que le travail. Certains d'entre eux, chargés de la protection de la tribu, naîtront avec des armes puissantes; ils ne feront rien d'autre que monter la garde, ils vivront avec une seule passion : l'attente du coup dur; un seul idéal : couper l'ennemi en deux parties égales. Un seul bonheur : être coupé en deux pour le bon motif.

Après mille et mille générations, ils atteindront la perfection. C'est-à-dire qu'ils naîtront en jouant frénétiquement des mandibules, et que depuis leur naissance jusqu'à leur mort, ils se battront continuellement contre un ennemi absent, mais qui pourrait surgir. Ainsi, toute surprise sera impossible, et l'ennemi éventuel, qui voudrait commencer une attaque, tombera sur des soldats déjà échauffés jusqu'à la frénésie par une bataille commencée depuis toujours.

Troisième point : pour que la machine fonctionne régulièrement, il faut dès aujourd'hui renoncer à la sensibilité et à l'intelligence. Il faudra que le fils tue son père inutile avec le sentiment du devoir accompli, il faudra que le frère tue son frère infirme, ou seulement affaibli, dans l'intérêt supérieur de la tribu, le seul qui doive compter désormais.

C'est pourquoi celui qui manifestera une préférence pour un membre quelconque de la tribu commettra un crime envers les autres. Il sera donc juste et profitable d'en tirer aussitôt le seul parti possible, en le dévorant sur place.

Il faudra aussi abandonner les arts, les sciences, la philosophie, la poésie, toutes choses parfaitement inutiles lorsqu'il s'agit d'entasser des provisions dans un grenier. Tout membre de la tribu qui se permettrait un raisonnement, ou une fantaisie dans l'exécution d'un travail, ou qui voudrait faire un travail personnel, devra être considéré comme un monstre, abattu, dépecé, et rangé parmi les provisions pour l'hiver. D'ailleurs, ces crimes se feront de plus en plus rares. Il est fatigant de penser individuellement, il est facile d'obéir et d'accepter. Dans les lois et les règlements que nous allons faire, nous allons déposer toute notre intelligence, toute notre sensibilité, dans la mesure où elles ne gêneront pas le fonctionnement de la machine. Il est donc inutile que vous gardiez des qualités personnelles : toutes celles qui vous sont nécessaires seront contenues, en dehors de vous, dans le règlement qui vous les imposera.

Enfin, voici le quatrième et dernier point, sur lequel je me permettrai d'insister particulièrement. A mesure que nos ressources diminueront, ou que notre population augmentera (et il est possible que ces deux phénomènes aient lieu en même temps, ce qui serait extrêmement grave) nous serons forcés de rétrécir nos besoins.

A quoi bon, je vous le demande, garder des corps qui pèsent jusqu'à cent kilos, et qui consomment d'énormes quantités de nourriture ? Tous nos problèmes seraient résolus si nous pouvions vivre avec un grain de blé par jour. Il faudra donc, par tous les moyens, réduire notre taille, simplifier nos organes, ramener nos échanges physiologiques à quelques opérations très simples.

Nous pourrons, par exemple, massacrer tout de suite les plus grands et les plus gros, ou tout au moins en interdire la reproduction, et favoriser celle des nains. Je crois d'ailleurs que la mise en sommeil de l'intelligence favorisera grandement le rapetissement de la race. J'entends quelques esprits forts qui murmurent. Ils disent qu'il est impossible qu'un homme de belle stature devienne un vermisseau ou un moucheron. Mais songez, mes chers amis, aux magnifiques théories de nos savants. Elles affirment que l'homme, ce monument d'intelligence et de beauté, n'est que l'arrière-petit-fils d'un protozoaire. Vous le croyez tous, vous n'admettez aucune discussion de cette vérité. Eh bien, mes très chers frères, il me semble moins difficile de réduire un homme à un insecte, que d'enfler et de perfectionner un insecte jusqu'à en faire un homme. Nous savons tous qu'il est pénible de monter jusqu'en haut d'une échelle, mais qu'il est facile d'en tomber.

Nous traverserons ainsi la crise qui menace l'existence même de notre espèce, et qui va durer plusieurs milliers de siècles. Lorsque les temps seront révolus, alors nous referons la route en sens contraire, et nous réveillerons l'intelligence, cette Belle au Bois Dormant des ruches et des fourmilières, et une humanité pareille à la nôtre reprendra possession de la terre aux premiers jours du deuxième âge d'or. »

Malgré quelques protestations, le vieux sage fut acclamé, et son système prévalut. Il se révéla si efficace que la race, sous la forme des termites et des fourmis, en devint innombrable. Chacun sait qu'aujourd'hui, la plus petite fourmilière de nos champs contient plus d'habitants que la noble ville de Toulouse, et que chaque termitière d'Afrique est mieux peuplée que notre Paris.

Mais depuis bien longtemps, la vie des hommes est redevenue possible sur la terre. Ceux qui s'étaient déguisés en singes ont presque tous repris notre visage. Mais ceux qui ont voulu se réfugier dans les fourmilières, ceux-là sont perdus. Du haut de l'échelle, ils sont tombés sur la tête, et leur intelligence est morte à jamais.

Ils continuent à faire les gestes prévus jadis par les lois qu'ils se donnèrent : ils sont les esclaves d'une décision qui fut prise il y a des millions d'années, et qu'ils ne peuvent plus changer.

Ainsi, la ruche ou la fourmilière m'apparaissent comme des ruines vivantes, mais irréparables, et leur existence, si lugubre, si effrayante, devrait être pour les hommes un avertissement, et une éternelle leçon.

Il est certain que la société d'insectes est une forme de vie efficace : dès qu'un peuple est en danger, il se constitue aussitôt en société d'insectes, pour se défendre contre ses voisins.

En effet, il met sur pieds une armée, qui est extrêmement semblable à une fourmilière.

Le premier conseil de l'adjudant – si c'est un bon adjudant, qui a le véritable sens militaire – sera celui-ci :

« D'abord, ne cherchez pas à comprendre. » Il est en effet inutile – et dangereux – que le soldat comprenne quoi que ce soit. Il n'a pas à se demander à quoi servira cette patrouille, ni pourquoi l'heure H est venue, ni pourquoi on bat en retraite. Il doit obéir, il doit devenir un esclave volontaire. Pendant les six premiers mois de son « instruction », ce n'est pas très facile et il lui arrive de poser des questions, et de s'inquiéter de son propre sort, c'est-à-dire de ce qui ne le regarde plus. Les punitions, les menaces, l'atmosphère même dans laquelle il vit ont promptement raison de l'individu qui vivait en lui. Peu à peu, il abdique, et il ressent alors un grand, un immense soulagement. Il a de nouveaux plaisirs – toujours les mêmes : boire du vin rouge; regarder les bonnes et les nourrices – mais non pas leur visage – jouer à la belote en frappant sur la table, triompher dans les concours scatologiques de la chambrée. Ce jeune homme venait d'obtenir son diplôme de licencié en droit. Le voilà qui chante les méfaits de l'artilleur, sur l'air de l'extinction des feux.

Il était assez soigneux de sa personne : il ne lave plus que son visage, après avoir mis sa cravate. Le règlement, qui méprise l'individu, a fini par imposer ce mépris à l'individu lui-même.

Le bon soldat – c'est-à-dire le bon agent de destruction – ne doit avoir ni père, ni mère, ni femme, ni enfants : je veux dire qu'il ne doit plus s'en souvenir.

[1943]

LA DÉMOCRATIE

La démocratie repose sur le suffrage universel, c'est-à-dire sur l'idée la plus folle, et la plus évidemment absurde.

On donne à l'idiot du village le droit de vote : c'est-à-dire on lui demande son avis sur le libre-échange, la « coexistence », la liberté de la presse, le divorce, la nécessité de la guerre, la possibilité de la paix, etc. Le pauvre idiot, incapable de former une pensée, donne son avis – sans s'en douter – sur la liberté de pensée.

Combien y a-t-il d'idiots en France ? Certainement pas plus qu'ailleurs. Cependant, nous avons aussi l'alcoolique, qui terrorise le village, et que son fils finit par étrangler pour sauver la vie de sa mère. C'est là le cas extrême. Mais combien avons-nous d'électeurs qui sont ivres morts deux ou trois jours par semaine ? Les statistiques de la ligue anti-alcoolique nous le disent.

Nous avons les clochards, ennemis résolus de la société. Les religieux et les religieuses cloîtrées, qui, ayant renoncé au monde, et n'en sachant absolument rien, viennent donner leur avis. Nous avons les vieillards, souvent gâteux, qui sortent en rang des asiles. Comme ils n'ont pas réussi leur vie, on leur demande leur précieux avis sur notre politique étrangère, sur le choix du président de la République...

[1941]

La Démocratie.

—

La Démocratie repose sur le suffrage universel, c'est à dire sur l'idée la plus folle, et la plus évidemment absurde.

On donne à l'idiot du village le droit de vote : c'est à dire on lui demande son avis sur le libre-échange, la "co-existence", la liberté de la presse, le divorce, la nécessité de la guerre, la possibilité de la paix, etc...

Le pauvre idiot, incapable de former une pensée, donne son avis – sans s'en douter – sur la liberté de pensée.

Combien y a-t-il d'idiots en France ? Certainement pas plus qu'ailleurs. Cependant

L'idiot de France : "Quel âge as-tu ?"
– Deux mètres.

Nous avons aussi l'alcoolique, qui terrorise le village, et que son fils finit par étrangler pour sauver la vie de sa mère. C'est là le cas extrême. Mais combien avons nous d'électeurs qui sont ivres-morts deux ou trois jours par semaine ? Les statistiques de la Ligue anti-alcoolique nous disent :

Nous avons les clochards, ennemis résolus de la Société. Les religieux et les religieuses cloîtrées, qui, ayant renoncé au monde, et n'en sachant absolument rien, viennent donner leur avis. Nous avons les vieillards, ~~gâteux~~ souvent gâteux, qui sortent en rang des asiles. Comme ils n'ont pas réussi leur vie, on leur demande leur précieux sur notre politique étrangère, sur le choix du président de la république ....

DÉGÉNÉRESCENCE

Lorsque l'on parle d'une race dégénérée, on le fait avec mépris. Il semble que l'on rende ces malheureux responsables de leur dégénérescence, qu'on leur impute une coupable faiblesse, une mauvaise volonté décisive. La religion les accuse formellement, et considère que leur abattement est dû à leurs vices, à leur mépris de la morale, à leur indifférence envers Dieu. Il serait tout aussi raisonnable de condamner le baobab de Tartarin, sous prétexte qu'il n'a jamais « voulu » dépasser la taille de 0 m 60.

Toute dégénérescence a des causes physiques. Une preuve entre mille, c'est la passion des dégénérés pour l'alcool, qui les secoue et les éveille momentanément.

Nos petites explications

Le mari de la concierge était un excellent plombier, il avait ouvert un petit magasin, il était sur le chemin de la fortune : et puis, par malheur, il a découvert le vin blanc de Juliénas; peu à peu, son intelligence a baissé, il a perdu le goût du travail, et il a fait faillite. Tels sont les raisonnements que nous appliquons aux Mayas et aux Incas, dont le drame est encore récent.

FORCES

On dit souvent, d'un critique incompétent : « Il en parle comme un aveugle des couleurs. » Ce n'est certes pas un éloge : mais je prétends qu'un aveugle peut parler des couleurs, s'il en parle à d'autres aveugles, et ce qu'il leur en dira leur paraîtra non seulement intéressant mais complet et définitif.

Après avoir longuement examiné les tableaux du Louvre, il en appréciera les odeurs, le toucher, le poids, les dimensions. Il dira que Monticelli fut un peintre rugueux, à l'excellente odeur de térébenthine, dont les œuvres (en bois très sec) ont une très jolie sonorité au choc, elles mesurent de quatre à cinquante décimètres carrés, et ne dépassent que rarement le poids d'un kilo.

En revanche, Renoir est un peintre lisse; le toucher n'en distingue pas très clairement les couleurs. Ses ouvrages, peints sur toile, ont cependant de très agréables odeurs, mais aucune sonorité, et les plus célèbres n'atteignent pas cinq cents grammes.

Si, un jour, la terre était peuplée d'une race privée de la vue, la civilisation changerait sans doute de direction, mais elle n'en serait pas arrêtée. Alors, le critique d'art, le spécialiste de la peinture, après avoir, pendant des années, examiné les collections du Louvre, en ferait un nouveau classement, d'après le toucher, les odeurs, la matière, le poids et les dimensions... Il dirait, par exemple :

– Monticelli fut un peintre rugueux.

Ce n'est pas ici une indécente moquerie : je dis qu'une telle classification, pour une race privée de la vue, aurait une véritable valeur scientifique, et le savant qui l'aurait dressée ne serait nullement ridicule, puisqu'il aurait employé honnêtement, en toute conscience, avec une application passionnée, tous les moyens qu'il avait à sa disposition.

Non, il ne serait pas ridicule, mais il pourrait le devenir, s'il disait, en conclusion :

– Voilà tout ce que fut cet art disparu, la peinture, et je défie quiconque d'en dire autre chose.

Je crois d'ailleurs qu'il le dirait peut-être; en tout cas, il le penserait.

Ma conclusion générale sera donc celle-ci, en 10 points.

1. Nous sommes nés de la terre, et nous vivons puissamment attirés vers le sol par le phénomène que nous appelons la pesanteur.

2. Nous sommes entourés ou traversés par différentes forces, lumière, chaleur, magnétisme, électricité, perceptibles par nos sens et mesurables au moyen d'appareils; d'autres dont nous ne savons rien, mais dont nous pouvons constater les effets sur les plantes, les animaux.

3. Les savants ont définitivement prouvé que la matière n'est pas inerte. On peut penser que tous les corps rayonnent ou émettent des ondes, de fréquences ou de puissances variables, propres à chacun d'eux.

4. Les corps ont une action continuelle les uns sur les autres. Ils agissent par leur seule présence, ce qui nous fut révélé il y a longtemps, par la découverte des catalyseurs.

5. Nous avons appelé climat les forces extérieures et aériennes qui agissent sur nous, et qui sont perçues par nos sens. En réalité, le climat d'un lieu donné est dû à l'action des forces souterraines de la matière, qui sont la cause des vents, des cyclones, et qui expliquent les variations de la faune et de la flore d'une région.

6. La composition de notre globe ne nous est connue que par des hypothèses. Celle du « feu central » n'est plus acceptable aujourd'hui.

7. La puissance des forces inconnues n'est pas constante. Elle varie avec le temps. On peut dire grossièrement qu'il s'agit de désintégrations et de transmutations qui ont évidemment un

commencement et une fin. Les savants nous disent que la vie rayonnante du radium ne dépasse pas 2 500 ans.

8. Les civilisations disparues. Les Mayas. Pizarre.
9. Les grandes invasions. Les déserts.
10. Les grandes époques.

– Prétention de l'homme.

Il est évident – et sans doute naturel – que l'homme est persuadé de sa royauté, et qu'il prétend expliquer par des causes purement humaines les grands événements de son histoire. Il y a d'abord les causes morales : tel peuple, qui fut grand et puissant, a dégénéré en un siècle, parce que cette race s'est livrée à la débauche, c'est-à-dire qu'ils faisaient l'amour sans être mariés, et qu'ils ne respectaient plus leurs Dieux...

On nous dit – et l'on prouve – que le Sahara fut un jardin d'une grande fertilité, habité par des populations agricoles et pastorales. Puis ces gens – sans doute perdus de vices, ou victimes d'épidémies – cessèrent de travailler le fertile jardin; en l'absence de jardiniers, la terre arable se transforma en sable...

Nous savons maintenant que notre cerveau est un organe analogue aux machines électroniques que nous avons conçues et réalisées. Notre force vitale a la forme de courants, qui font instantanément contracter nos muscles, comme les étincelles électriques de Galvani faisaient se contracter les cuisses d'une grenouille morte.

Or, nous savons que les courants, par leur seul voisinage, agissent les uns sur les autres, et que le plus surprenant des phénomènes électriques, c'est l'induction.

PETIT MÉCANISME DE L'ÉVOLUTION DES SOCIÉTÉS

Premier temps

Les faibles se groupent autour des forts, qui prennent le commandement. Ils font construire des chemins de fer, des routes, des navires, des usines. La civilisation est commencée.

Elle apporte le confort et le luxe, mais pas pour tous. Les faibles regardent avec envie le luxe des forts, ils protestent. On les calme avec des promesses et des coups.

Deuxième temps

Malgré leurs plaintes, les faibles ont grandement profité de la civilisation créée par les forts. Ils n'habitent plus des cavernes, ni des huttes. Ils ne souffrent plus du froid ni de la faim des temps primitifs. Ils se sont multipliés. Ils sont devenus une foule immense.

Des meneurs – qui sont parfois des poètes, mais toujours des ambitieux – organisent cette foule. Puis, ils attisent son envie. Le but qu'ils lui proposent est simple : la civilisation étant toute faite, il est temps de s'en emparer. On les persuade, en outre, que c'est eux qui l'ont faite.

La révolution a lieu. Les anciens forts sont dépouillés et assassinés.

Troisième temps

Allégresse et enthousiasme général. Tout est à tous. Chacun va avoir sa villa, sa piscine, sa voiture. On fera la semaine de quinze heures, etc. Ce temps est très court.

Quatrième temps

Les nouveaux maîtres – qui « représentent » le peuple – font savoir que l'âge d'or ne pourra pas commencer avant quelques mois. Ce retard douloureux est dû aux sabotages des anciens maîtres, à leur mauvaise organisation qu'il faut refaire, à la méchanceté infâme des états voisins, qui mettent tout en œuvre pour conduire à l'échec la précieuse révolution. Il faut faire un plan de travail, qui ne peut pas échouer

Beaucoup de sincères se mettent à l'ouvrage de tout cœur. D'autres prolétaires commencent à grogner. Au nom du peuple et de la liberté, on assassine discrètement les mécontents. On se débarrasse aussi de tous ceux à qui l'on avait promis des places (trois mille places de préfet, deux mille képis de général, mille places de ministre, etc.) et qui ont le mauvais goût de les réclamer.

Cinquième temps

La nouvelle société s'effondre lentement, pour deux raisons :

1° Chaque chef (contremaître, ingénieur) est l'esclave d'autres chefs (directeur ou commissaire politique).

2° Chaque ouvrier, travaillant comme une bête dans la misère, n'a plus l'intérêt comme moteur.

Le rendement tombe à 50 %, sur des plans vieux de cinq ans (parce qu'on a tué les forts). Je veux dire que l'on continue, en 1948, à fabriquer des fiacres, et qu'ils coûtent deux fois plus cher qu'en 1900.

Pour calmer le peuple, on lui explique que le fiacre est une

NOTE N° A L'AGENCE DE

Petit mécanisme de l'évolution des sociétés.

Premier temps

Les faibles se groupent autour des forts, qui ~~Les forts dominent les faibles~~. ~~Ils~~ prennent le commandement. Ils font construire des chemins de fer, des routes, des navires, des usines. La civilisation est commencée.

Elle apporte le confort et le luxe, mais pas pour tous. Les faibles regardent avec envie le luxe des forts, ils protestent On les calme avec des promesses et des coups.

Deuxième temps

Malgré leurs plaintes, les faibles ont grandement profité de la civilisation créée par les forts. Ils n'habitent plus des cavernes, ni des huttes. Ils ne souffrent plus du froid ni de la faim des temps primitifs. Ils se sont multipliés. Ils sont devenus une foule immense.

Des meneurs – qui sont parfois des poètes, mais toujours des ambitieux – organisent cette foule. Puis, ils attisent son envie. Le but qu'ils lui proposent est simple : la civilisation étant toute faite, il est temps de s'en emparer. On leur persuade, en outre, que c'est eux qui l'ont faite.

La révolution a lieu. Les anciens forts sont dépouillés et assassinés.

Troisième temps :

Allégresse et enthousiasme général. Tout est à tous. Chacun va avoir sa villa, sa piscine, sa voiture. On fera la semaine de quinze heures, etc... Ce temps est très court.

invention nouvelle, que les autres peuples ne connaissent pas encore, et qu'il s'agit d'un progrès décisif.

On dit au peuple que dans les autres pays, les gens vont à pied, et que pour aller plus vite, ils montent sur des échasses. Le peuple est ravi. Un peu plus tard, on invente le métro, quarante ans après celui de Paris. Le peuple est ivre de gloire. Naturellement on a fermé toutes les frontières, afin de protéger tous ces mensonges.

Sixième temps

A cause de la faiblesse bien connue de la nature humaine, une aristocratie, c'est-à-dire une nouvelle caste de profiteurs se crée. Ce sont les membres du parti, pourvus de châteaux, de voitures, et de domestiques. Il y a le roi, les seigneurs suzerains, les seigneurs vassaux, les hobereaux. Le peuple murmure. La caste supérieure crée une nouvelle caste de protection : prétoriens, janissaires, Gestapo, Guépéou, et une caste de persuasion (enseignement et propagande). Ces deux castes deviennent d'autant plus nombreuses que le peuple est plus misérable.

La première, c'est la police extérieure, placée autour de l'individu, pour le surveiller, le battre, l'enfermer ou le tuer.

La seconde, c'est la police intérieure, qui s'installe dans le cœur et l'esprit de l'individu lui-même, sous forme de maximes, formules, slogans, pour en faire un volontaire de l'esclavage, et un dénonciateur.

Septième et dernier temps

Des rivalités naissent dans les classes dirigeantes. A la mort d'un chef, ou à l'occasion d'une guerre, le peuple met à profit ces rivalités, et massacre ses tyrans. Alors, dans le désarroi général, la misère et la famine s'installent. Alors les faibles se groupent de nouveau autour des forts, et tout recommence.

[1943]

LES PRÉCURSEURS

Les hommes ont toujours deviné, c'est-à-dire connu d'une façon très vague, l'existence de forces qui échappaient à leur perception sensorielle. Ils les ont nommées Dieux, Génies, Démons, Esprits, etc., en les personnifiant, ce qui n'était pas une attitude scientifique. Dans quelques cas, cependant, ils ont réussi à capter ou à utiliser ces forces, d'une manière empirique, c'est-à-dire véritablement scientifique.

Les sourciers furent les premiers à utiliser une force invisible, et à capter des ondes, au moyen d'un appareil, baguette ou pendule, qui fut le premier appareil de mesure inventé par les hommes.

En général, les savants, aujourd'hui encore, nient l'existence de la radiesthésie.

Au fond, ils sont comme l'Église, qui demande plusieurs années avant d'admettre un miracle.

L'immense découverte du 19ème siècle, c'est la découverte de forces et de phénomènes qui ne tombent sous aucun de nos sens, et l'invention d'appareils qui les ont rendues mesurables.

Nos sciences, fort sagement, sont fondées sur l'expérience : mais notre erreur est de croire que nous saisissons la totalité des éléments qui la composent et des forces qui agissent sur l'événement : c'est pourquoi nos savants sont toujours dans la même position que le critique d'art privé de la vue.

Parfois, il s'en trouve un qui veut aller au fond de la petite affaire. Celui-là, dans un éclair de génie, se demande si cette petite affaire ne remet pas tout en question : il quitte la fraîcheur du sommet feuillu de l'arbre de la science, il redescend de branche en branche, il examine le tronc, puis les racines, et pousse tout à coup un cri d'alarme. Là-haut, dans les feuillages, nul ne semble l'avoir entendu... Alors, il appelle les passants, et leur montre la pourriture, qui a dévoré les racines : beaucoup s'arrêtent, et crient avec lui. Là-haut, les savants, interdits tout d'abord, arrêtent une seconde leurs gracieux exercices, puis tous en chœur, ils appellent à grands cris la police. Elle arrive aussitôt, disperse les passants à coups de botte, et emmène l'alarmiste, et l'enferme dans une prison, ou chez les fous. Il y vivra dans une déprimante obscurité, tout en répétant à voix basse : « Et pourtant, elle tourne... »

Assez souvent, ce n'est pas un savant descendu de l'arbre qui a donné l'alarme, c'est un simple passant d'apparence inoffensive, mais dont la curiosité maladive l'a poussé à se mêler de ce qui ne le regardait pas. Il a l'audace d'interpeller les Savants, et de leur signaler le très mauvais état du tronc, et de les prier de se taire pendant quelques secondes pour en entendre les craquements, sa voix est aussitôt couverte par des ricanements de mépris, et s'il insiste, il sera promptement enseveli.

LA SUPPRESSION DE L'INDIVIDU

Le contrat collectif est un pas décisif. L'ouvrier n'a plus le droit de faire ses conditions. C'est le syndicat qui les impose au patron, mais aussi à l'ouvrier lui-même.

D'autre part, le système électoral vient de supprimer la personnalité de l'élu, par le système des partis. L'électeur ne peut plus choisir son représentant. Il ne peut que choisir sa doctrine. Mais il est clair que cette évolution ne peut qu'aboutir au système russe, c'est-à-dire qu'il n'y aura qu'un seul parti, avec interdiction – sous peine de mort – d'en fonder un autre, ce qui équivaut à la suppression de l'électeur.

La tendance générale va vers l'unification des sexes, c'est-à-dire leur suppression. C'est vers 1900 que commença ce mouvement, qui annonce la fin de notre civilisation méditerranéenne.

Avant cette époque, la femme, toute sa vie, reste un enfant mineur. Elle ne sort guère de sa maison. Elle porte un costume qui protège et souligne les avantages féminins. Il lui est interdit de couper sa chevelure, de fumer, de montrer ses chevilles, etc. L'homme porte toute sa barbe, et il en est fier. Il commande, en maître absolu, dans son ménage.

Aujourd'hui, l'homme est entièrement rasé. Son autorité maritale est très diminuée.

La femme travaille comme l'homme.

Elle fait de la politique, elle vote, elle est député ou maire. Elle a coupé ses cheveux beaucoup plus court. Son costume s'est grandement simplifié : elle montre ses jambes, elle boit dans les cafés, elle fume. En Russie elle est soldat. Il ne s'agit nullement, comme on le répète souvent d'émancipation et de progrès : il s'agit d'une tendance universelle à l'unification des deux sexes, unification déjà marquée par l'existence des homosexuels et des lesbiennes.

D'autre part, la mère a renoncé à allaiter son enfant, et il est vrai que très souvent elle en eût été incapable. Cette carence annonce sans aucun doute l'atrophie progressive des mamelles, et finalement leur disparition. Enfin, l'amour a perdu son mystère, parce qu'il a perdu sa violence.

[1944]

MARCEL PAGNOL

La suppression de l'individu.

Le contrat collectif est un pas décisif. L'ouvrier n'a plus le droit de faire ses conditions. C'est le syndicat qui les impose au patron, mais aussi à l'ouvrier lui-même.

D'autre part, le système électoral vient de supprimer la personnalité de l'élu, par le système des partis. L'électeur ne peut plus choisir son représentant. Il ne peut que choisir sa doctrine. Mais il est clair que cette évolution ne peut qu'aboutir au système russe, c'est à dire qu'il n'y aura qu'un seul parti, avec interdiction – sous peine de mort – d'en fonder un autre, ce qui équivaut à la suppression de l'électeur.

MARCEL PAGNOL

La tendance générale va vers l'unification des sexes, c'est à dire leur suppression. C'est vers 1900 que commença ce mouvement, qui annonce la fin de notre civilisation méditerranéenne.

Avant cette époque, la femme, toute sa vie, reste un enfant mineur. Elle ne sort guère de sa maison. Elle porte un costume qui protège et souligne les avantages féminins. Il lui est interdit de couper sa chevelure, de fumer, de montrer ses chevilles, etc. L'homme porte toute sa barbe, et il en est fier. Il commande, en maître absolu, dans son ménage.

Aujourd'hui, l'homme est entièrement rasé. Son autorité maritale est très diminuée.

La femme travaille comme l'homme.

FOULES

Il y a des médiums qui prétendent voir un cercle faiblement lumineux autour de la tête de chaque individu; la dimension et l'éclat de ce cercle varient selon les individus. Les religions – qui sont peut-être les ruines de sciences anciennes – ont peint cette « aura » sous la forme de l'auréole.

La science moderne, qui a découvert un nombre infini de radiations, permet d'affirmer que le cerveau humain émet des ondes; et il nous sera bientôt possible de prouver l'existence de cette invisible auréole, d'en mesurer la longueur d'onde, d'en déterminer la portée.

Je vois, au-dessus d'une foule muette, une sorte de nuage d'électrons, qu'on appellera peut-être un jour les « nevrons » ou les « cérébrons ». Ces particules fusent autour de chaque tête, elles se croisent, s'attirent, se repoussent.

Ceci expliquerait la stupidité des foules. Celles qui acclament Napoléon, ou Hitler, ou Mussolini, ou Roosevelt, ou Staline, ou Maurice Chevalier, nous montrent une masse compacte d'individus : leurs têtes sont si rapprochées que toutes les auréoles sont en court-circuit.

Dans n'importe quelle foule, aucun individu ne reste lui-même. Il semble devenu inintelligent, mais plus sensible. Les actes auxquels il participera avec la foule, lorsqu'il sera rentré chez lui, le surprendront toujours.

J'ai vu les mêmes foules clamer leur enthousiasme d'abord pour Pétain, ensuite pour de Gaulle. Les actualités cinématographiques pourraient nous en donner les preuves.

Ils disaient d'ailleurs les mêmes choses, et ils proposaient les mêmes buts, mais ils n'étaient pas d'accord sur les moyens.

Or, les moyens, c'est l'intelligence seule qui peut les examiner, et en juger la valeur, dans la solitude et le silence : la foule, totalement inintelligente même quand il s'agit de milliers de gens intelligents, ne peut acclamer que les buts que lui propose son instinct. L'intelligence, c'est la faculté qu'a l'individu de varier son action selon les circonstances. C'est : « Faute de grives, on mange des merles ». S'il y avait un insecte mangeur de grives, faute de grives, il ne mangerait rien, et se laisserait crever de faim.

Au moment où Hitler disait: « Nous prendrons Paris le 15 juin », Paul Reynaud disait : « Nous vaincrons parce que nous sommes les plus forts ».

Est-ce à dire que l'un des deux était un imbécile ? Nullement.

Tout d'abord, chacun d'eux disait ce qu'il fallait dire pour augmenter le courage et la force de ses combattants.

D'autre part, la suite a prouvé qu'ils ne s'étaient trompés ni l'un ni l'autre.

Il est remarquable que le meneur de foules grimpe toujours sur une estrade, ou qu'il parle du haut d'un balcon. Il tient son auréole hors de la portée des autres. Il se méfie du court-circuit général, qui le rendrait aussi naïf que ceux qu'il veut persuader.

D'un point plus élevé, l'homme lance, de toutes ses forces, des idées portées par des ondes sonores. Le nuage s'illumine, et tonne.

La propagande à la radio ne peut pas être celle des réunions publiques. Elle s'adresse à des auréoles intactes, c'est-à-dire à des individus refermés sur eux-mêmes, et capables de réflexion.

Le court-circuit des auréoles explique l'immense différence qui sépare l'art dramatique et l'art du roman.

Les meneurs de foules disent toujours les mêmes choses : notre pays (c'est-à-dire nous) ne mourra jamais; nos ennemis sont des barbares; ils seront écrasés, parce que Dieu (ou le Bon Droit) est avec nous; ceux qui en doutent sont des traîtres; le drapeau (qui représente nos pères) est sacré.

[1944]

LE RICHE

Le riche est évidemment un homme actif et avisé, ou le fils d'un homme actif et avisé. Il est en effet impossible de faire fortune par la paresse et la bêtise.

On dira « Et le vol, et le meurtre ? » Nous en parlerons ailleurs : dans cette note, seul nous intéresse le riche, celui qui gagne ouvertement beaucoup d'argent.

Le riche vit largement. Il se nourrit bien, il a plusieurs femmes ou concubines, il a de beaux enfants, il aime la vie.

La religion juive ne maudit pas le riche, tout au contraire : elle distingue expressément le bon riche du mauvais riche. Le mauvais riche, c'est simplement l'avare, qui manque au devoir d'entraide, c'est-à-dire d'aide à la vie des autres.

Quant au bon riche, celui qui donne un sac de grain à la veuve, ou qui reçoit le mendiant à sa table, il est cent fois et mille fois béni de Dieu.

La doctrine chrétienne, au contraire, parle du riche avec férocité. « Un riche n'entrera pas plus au paradis qu'un chameau ne passerait par le trou d'une aiguille. »

Ainsi donc, Saint Louis serait en enfer, avec M. et Mme Boucicaut, qui ont donné leur immense fortune aux pauvres.

Un théologien dira : « Ceux-là se sont rachetés par leurs bienfaits ».

Pourquoi ce rachat était-il nécessaire, s'ils ont vécu honnêtement ? Pour être un bon riche, il est donc nécessaire de n'être plus riche ? On peut tirer de ce raisonnement la conclusion que voici :

« Il n'est de bon riche que le pauvre. »

C'est absurde. Le communisme, aboutissement logique et inévitable du christianisme n'hésite pas un instant : le riche doit être dépouillé de tout ce qu'il possède, et mis à mort avec toute sa famille.

Certes parmi les meneurs de cette foule, plusieurs sont poussés par l'intérêt personnel : ils espèrent, au cours du pillage, faire main basse sur des objets de valeur. Un autre compte qu'après le massacre du comte et de ses enfants, il sera nommé gouverneur de la province.

Mais la majorité de la foule qui monte à l'assaut du riche est absolument désintéressée, elle agit gratuitement : d'ailleurs la fortune des riches est très petite, si on la compare à l'argent détenu par les pauvres.

On connaît le célèbre pamphlet sur les deux cents familles. S'il n'y a que 200 familles, les riches sont bien peu nombreux : 2 000 sur 40 millions ? Et quelle est la fortune de chaque famille ? Si nous admettons le chiffre de cent millions par famille, les riches, en France, détiendraient vingt milliards. Vous trouvez que ce n'est pas assez ? Doublons ce chiffre, et disons quarante milliards.

Si nous massacrons les deux cents familles – Soit 2 000 personnes – chaque français recevra *mille francs.*

Quel criminel pourrait souhaiter la mort de deux mille personnes pour recevoir mille francs ?

Quel chef de parti oserait dire en public que si chaque pauvre recevait mille francs, il n'y aurait plus de pauvres, et que ça serait le commencement de l'âge d'or ?

Non. Chacun sait que la fortune des riches est négligeable : le sentiment qui le condamne n'est pas l'intérêt.

Les révolutions n'ont jamais eu pour but d'enrichir les pauvres : elles ne voulaient qu'appauvrir les riches.

Les foules de 89 ou de 1848 attaquent le château : ce n'est pas pour s'y installer, c'est pour le détruire.

Le Riche

Le riche est évidemment un homme actif et avisé, ou le fils d'un homme actif et avisé. Il est en effet impossible de faire fortune par la paresse et la bêtise.

On dira " Et le vol, et le meurtre ?". ~~Ne p~~ Nous en parlerons ailleurs: ~~ne voulons~~ dans cette note, ~~nous ne parlerons~~ seul nous intéresse le riche, celui qui gagne ouvertement beaucoup d'argent.

Le riche vit largement. Il se nourrit bien, il a plusieurs femmes ou concubines, il a de beaux enfants, il aime la vie.

La religion juive ne maudit pas le riche, tout au contraire: elle distingue expressément le bon riche du mauvais riche. Le mauvais riche, c'est simplement l'avare, qui manque au devoir d'entr'aide, c'est à dire d'aide à la vie des autres.

Quant au bon riche, celui qui donne un sac de grains à la veuve, ou qui reçoit le mendiant à sa table, il est cent fois et mille fois béni de Dieu.

—

La doctrine chrétienne, au contraire, parle du riche avec férocité.

"Un riche n'entrera pas plus au paradis qu'un chameau ne passerait par le trou d'une aiguille".

Ainsi donc, Saint-Louis serait en enfer, avec M. et Mme Boucicaut, qui ont donné leur

On décroche des murs les étoiles du Vinci : ce n'est pas pour les voir enfin de près; c'est pour les brûler.

La princesse de Lamballe est jeune, d'une éblouissante beauté. On ne la viole pas, on ne caresse pas voluptueusement ce pur visage de femme : on la décapite, on gifle ces joues de morte, on plante sa tête au bout d'une pique, on la promène par les rues, en braillant des chansons.

Pourquoi tuer le riche, après l'avoir dépouillé de tout ? Parce qu'on sait bien qu'il est capable de recommencer, qu'il referait fortune, qu'en tout cas il ne resterait pas au rang des pauvres.

Le massacre inutile des riches, c'est l'aveu de leur supériorité.

Bien entendu, nous parlons en général, de la moyenne des riches, et de la moyenne des pauvres. Il y a des pauvres d'une générosité sublime, et des riches d'une avarice ignoble, et qui seraient bien incapables de regagner leur fortune, ou même de gagner leur vie : ce sont les mauvais riches de la Bible.

[1956]

LA FILLE DU PUISATIER

Nous attendions, dans cette oisiveté inquiète qui précéda le désastre.

Un jour, Henry Torrès devint le chef de la propagande française : il demanda aux cinéastes de se remettre au travail le plus tôt possible.

Je n'avais pas les éléments nécessaires pour réaliser *la Prière aux Étoiles*, écrite pour Charles Boyer, qui était en Amérique. Il me restait Raimu, qui vivait solitaire à Bandol, Josette Day, Charpin, George Grey, qui venait d'être réformé.

Je pensai alors à réaliser un film avec une histoire que j'avais entendu raconter par un terrassier piémontais, et que j'avais notée, en la dramatisant.

Ce fut « *la Fille du Puisatier* ». Comme je cherchais un interprète pour le rôle de Félipe, j'eus la surprise de recevoir la visite de Fernandel, qui revenait du front.

Il était en congé de réforme temporaire pour trois mois. Je lui proposai le rôle : il l'accepta assez joyeusement. Il fallut alors engager du personnel pour les studios. Nous trouvâmes une douzaine d'enfants, et autant de vieillards. Les enfants n'étaient pas sérieux, et les vieillards tombaient des échelles, mais ils y remontaient vaillamment.

Nous commençâmes à tourner le 10 mai 1940. Date terrible, date marquée par le destin pour la défaite de notre armée.

Nous étions réunis sur le plateau. Willy réglait les premiers éclairages. Nous discutions fort gravement à propos d'un mot, d'une virgule, ou d'une intonation.

Cependant, à quelques centaines de kilomètres, s'engageait la mortelle bataille dont le résultat devait être pour nous un esclavage de plus de quatre années...

Quelques jours plus tard, une grande inquiétude envahit les studios. La radio parlait de « poches » et de « colmatage ».

Le 20 mai au matin, comme j'entrais sur le plateau, je vis venir à moi, l'air grave, Raimu et Charpin. Raimu me dit : « Gamelin est limogé. »

Tout le monde avait compris le sens de la tragique nouvelle. Nous en parlâmes longuement, et je réunis tout le personnel. Je leur demandai : Est-il utile de continuer ce film ? Les avis furent partagés.

Pour moi, je pensais qu'il y avait peut-être quelque indécence à régler des scènes comiques pendant que l'ennemi, qui avait pris Amiens, marchait sur Paris...

Et pourtant, que pouvions-nous faire ? D'abord, tout espoir n'était pas encore perdu. Et puis, si le pire arrivait, notre devoir n'était-il pas de faire, simplement, notre métier ?

Le souvenir de ces journées m'est, aujourd'hui encore, extrêmement pénible : chaque scène me rappelle une cruelle déception, une crainte, une angoisse.

Tous les français ont connu ces heures affreuses. Nous tournions toujours, mécaniquement. De temps à autre, des avions allemands venaient bombarder le port de Marseille.

Ils lâchaient leurs bombes juste au-dessus des studios; nous pouvions voir et entendre longuement ces brillants fuseaux d'acier qui déchiraient l'air bleu de Marseille le long de leurs sifflantes paraboles... Le 13 juin, tandis que Raimu, le puisatier, présentait ses filles à Charpin, le riche boutiquier, on vint nous annoncer sur le plateau que l'Italie – ou plutôt le fascisme – déclarait la guerre à la France vaincue.

Cette nouvelle baigna d'une affreuse amertume le cœur de tous les Français. Mais à Marseille, son effet fut encore plus tragique que partout ailleurs.

Il y avait près de cent mille Italiens en Provence et ces Italiens avaient des enfants, nés en France, qui étaient au front, dans l'armée. Quatorze de mes machinistes étaient dans ce cas.

Pendant que les gendarmes emmenaient les pères vers les camps de concentration, sous les huées de la foule, les fils, sous les bombes allemandes, accomplissaient la plus terrible retraite de notre histoire.

Les avions italiens, à leur tour, vinrent bombarder Marseille. Une bombe tomba sur une école publique, près de la cathédrale. Quarante enfants furent tués : c'étaient, presque tous, des fils d'Italiens.

Dans cette atmosphère de folie, de haine, de catastrophe, nous tournions toujours, pour faire quelque chose, pour ne plus penser à notre malheur.

Enfin, le jour terrible se leva. Un régisseur vint sur le plateau, pour nous dire que le maréchal Pétain parlerait à la radio vers midi.

Je reverrai toute ma vie cette salle à manger des studios, et, sur une table, le petit poste d'où sortit soudain la voix tremblante du vieillard, que l'on appelait le Vainqueur de Verdun. Nous étions rangés en cercle. Il y avait là les comédiens, les régisseurs, les machinistes, le concierge, les hommes de l'image et du son, la script-girl, les femmes de ménage. Dans un silence de mort, nous écoutâmes le funeste message. La voix mal assurée disait : « Il faut cesser le combat. » Charpin, le premier, se mit à sangloter.

Lorsque ce fut fini, tous les hommes avaient le visage couvert de larmes, pas un ne put dire un seul mot. Nous sortîmes lentement, l'un après l'autre, désemparés et comme inconscients...

Et, pendant quelques jours, nous tournâmes encore. Les avions italiens revenaient sur Marseille, comme pour profiter des dernières minutes de notre agonie, suprême occasion de se couvrir de gloire.

Enfin, le 20 juin, tout notre matériel se trouvait devant la gare d'Aubagne, ma ville natale : nous devions réaliser une scène qui représentait le départ des mobilisés dans un village.

Malgré la tragédie de l'armistice, il y avait un cercle de badauds. Nous allions commencer notre travail, lorsqu'un gendarme de six pieds de haut s'avança vers moi.

Sans mot dire, il me conduisit devant une affiche collée sur le mur de la gare : elle proclamait l'état de siège, et promettait la peine de mort « à toute personne responsable d'un rassemblement de plus de cinq personnes ». D'un geste éloquent, le géant me montra ma troupe et les badauds : nous dûmes plier bagage, et le film, inachevé, fut arrêté.

D'ailleurs, nous ne savions plus ce que nous faisions.

D'un seul élan, la France libre crut à Pétain. Les anciens combattants humiliés et découragés par la défaite, entrèrent dans la Légion, et crurent, non pas à un renouveau possible, mais à la possibilité de sauver ce qui nous restait. Nous étions « la Zone Libre », et la fragile souveraineté de Pétain était notre dernière consolation.

La radio nous donnait chaque jour des conseils de sagesse, de travail, d'ordre, et nous promettait, par ces méthodes, le relèvement de notre pays.

Dès le début, et malgré la confiance générale, je ne fus pas très vivement pétainiste. Dans le terrible message de l'armistice, une phrase m'avait épouvanté.

« Je fais à la France le don de ma personne pour atténuer son malheur. » Le Don de Sa Personne!

De plus, ce vieillard était un soldat, c'est-à-dire un citoyen que la France avait nourri, logé, vêtu toute sa vie. Mais lui, en échange, qu'avait-il offert à son pays? Le premier geste d'un futur officier, lorsqu'il est reçu à Saint-Cyr, n'est-il pas de faire à sa patrie le don de sa personne et de sa vie?

Quel était donc ce radotage, par lequel un vieux général offrait à son pays ce qu'on lui avait déjà payé tant de fois, avec de la gloire, des honneurs, et de l'argent?

Des amis, devant qui je tins ces raisonnements, hochèrent la tête. Ils me firent remarquer que de tels propos ne seraient point agréables au nouveau gouvernement, et que si je critiquais à haute voix le Don de Sa Personne, la police s'assurerait certainement de la mienne.

Nos mobilisés étaient revenus. Il nous manquait, hélas, deux prisonniers – qui sont encore en Allemagne à l'heure où j'écris – et deux morts : Robert Bassac, qui commençait au cinéma une très brillante carrière de comédien, et Victor Vin-Vial, notre jeune avocat.

Tous deux tués pendant la retraite, au cours d'héroïques combats d'arrière-garde.

Ces deux-là, engagés volontaires, avaient vraiment fait à la patrie le don de leur personne, de leur jeunesse, de leur avenir.

Ceux qui étaient revenus avaient faim : il fallait refaire tourner la machine, qui nourrissait cent cinquante familles; il fallait terminer le Puisatier.

Sans aucun enthousiasme, je me remis au travail.

Le film contenait plusieurs scènes qu'il n'était pas possible de conserver.

On y parlait des fridolins sur un ton qui leur eût très vivement déplu. Je les coupai en hâte, et je remaniai, çà et là, le texte d'avant la défaite.

Les bureaux de la propagande française m'ordonnèrent de mettre dans ce film des sentiments qui fussent dans le cadre de la révolution nationale : retour à la terre, devoir, famille, patrie. Je fis répondre que le film était déjà terminé. On insista. Je déclarai alors que j'essaierais de rendre hommage aux morts de la défaite, en souvenir de Bassac et de Vin-Vial; on commençait en effet à dire que puisque la guerre était perdue leur sacrifice avait été inutile.

Pour proclamer leur gloire et notre reconnaissance à ces témoins de notre patrie, je fus forcé de dire dans le film que nous avions été battus : j'eus alors l'idée de le faire dire par Pétain lui-même, en plaçant dans le film l'allocution tragique par laquelle il nous avait annoncé la capitulation.

La propagande ne fut pas très satisfaite.

On n'osa rien me dire, mais j'eus quelques échos de très bonne source : l'accueil fait par mes personnages à la proclamation du maréchal et la sortie de ces hommes en larmes, avaient jeté un froid.

Je répondis, à qui voulut l'entendre, qu'il m'eut été difficile de montrer des français charmés par l'annonce du plus terrible de nos désastres, et que l'avènement du maréchal n'avait pas compensé l'effondrement de notre armée ni la mise en servitude de notre pays.

Toutefois, un incident significatif me fit connaître clairement la pensée de nos ministres.

Il y avait à ce moment-là, à Marseille, un régiment qui se reformait. C'était le 43e d'infanterie, commandé par le colonel Schlœsing.

Nous avions une grande tendresse pour notre armée mutilée, qui essayait de renaître, ce qui devait un jour, dans notre pensée, chasser l'envahisseur germanique.

Nous décidâmes d'organiser un gala, et de verser la recette de la première du film aux œuvres du régiment.

Mille soldats en uniforme occupaient l'orchestre, l'état-major était dans les loges.

Lorsque la scène du message passa sur l'écran, un silence tragique écrasa la salle. Puis Josette Day le visage inondé de larmes dit solennellement les dernières répliques de la scène, tandis qu'un clairon lointain jouait la sonnerie aux morts. Mille soldats en uniforme se levèrent d'un seul élan, et dans une émotion indescriptible, firent une ovation qui dura plusieurs minutes. Près de moi, des officiers pleuraient.

A la sortie, le colonel Schlœsing demanda à Josette Day d'être la marraine du régiment, et l'invita à venir le lendemain remettre les fanions à plusieurs compagnies.

J'assistai à cette cérémonie, qui fut tournée par les actualités françaises (oct. 1940).

Vichy eut connaissance de la manifestation des troupes, et de la remise des fanions : le colonel Schlœsing fut *limogé* le lendemain matin, par télégramme.

A Paris, où le succès fut encore plus vif, la censure allemande n'avait rien dit. Mais trois mois après la première, dans la semaine de Noël, au moment où trente copies allaient partir vers les grandes salles de quartier, un ordre arrivait de la Kommandantur. Le film était interdit.

Les exploitants qui avaient affiché le film devaient immédiatement supprimer les affiches : le prétexte de cette mesure brutale était l'interdiction de Bel-Ami en zone libre. En réalité, le succès d'un film français ne plaisait pas à ces messieurs et d'autre part, les films allemands s'approprièrent ainsi les cinquante ou soixante semaines que les directeurs de Paris avaient réservées pour le Puisatier.

Voilà toute l'histoire de la Fille du Puisatier, film français, dont la seule scène incriminée est précisément celle qui rend hommage aux jeunes morts de la défaite.

« Les morts des batailles perdues sont la raison de vivre des vaincus. »

[1944]

PERFIDIE DES GOUVERNEMENTS

Tout homme qui change me voit changer.

La France est un pays de petits commerçants et d'artisans. Ces petites entreprises sont un anachronisme, elles ne sont pas rentables.

L'artisan n'a pas de machines modernes. Le petit commerçant n'achète que par petites quantités.

Les petites entreprises paient des milliers de loyers, des milliers de patentes...

Il faut remplacer l'artisan par la grande usine moderne, il faut remplacer les boutiques par le grand magasin qui vend de tout.

Théorie rationnelle, et tout à fait satisfaisante pour l'esprit d'un homme dont le bon sens a été faussé par une étude prolongée des mathématiques, et qui croit stupidement que les formules arithmétiques s'appliquent à la biologie, ou à la vie sociale.

Si donc nous supprimons les boutiques et les ateliers, que ferons-nous des artisans et des boutiquiers ?

Les artisans iront à l'usine, les boutiquiers seront des employés du grand magasin.

L'offensive des polyvalents n'avait donc pas pour but principal de récupérer de l'argent frauduleusement soustrait à l'État.

Le but était la destruction d'une classe sociale qui a été jusqu'ici l'armature même de la France.

Comment cette offensive sacrilège contre plusieurs millions de français fut-elle tolérée par le Parlement, et par l'opinion publique ?

Pour l'opinion publique, elle ne fut d'abord pas informée.

Quand il ne fut plus possible de cacher le commencement de la révolte, et les premiers incidents, la presse présenta les victimes comme des fraudeurs invétérés. En même temps, les Finances faisaient publier des articles qui célébraient l'intelligence, la capacité, l'agressivité des polyvalents, qui étaient en train de purger la France de ses fraudeurs, dont la malhonnêteté forçait le gouvernement à augmenter les impôts des bons citoyens.

Les Finances annonçaient en même temps qu'elles traquaient sans pitié les « gros », les propriétaires de Cadillac, les clients des grands hôtels, ce qui faisait grand plaisir aux prolétaires et aux employés.

Les journaux soutenaient cette campagne, pour la simple raison que leurs machines appartiennent au gouvernement.

Au parlement, une voix s'éleva, celle de D.

Il peut paraître tout à fait extraordinaire que son intervention vigoureuse soit restée sans effet : mais le silence de la plupart des représentants du peuple s'explique fort bien.

La théorie contraire était fort sympathique aux communistes et aux socialistes.

En effet, malgré les sourires qu'ils prodiguent à la classe moyenne, leur programme prévoit, dès le premier jour, la suppression de la libre entreprise.

Ils savent qu'il sera très difficile de supprimer un million d'artisans et commerçants. Si la République les fait disparaître, et les remplace par une centaine de trusts, il suffira d'un simple décret pour nationaliser tout le commerce et toute l'industrie française.

La gauche, les trusts, et les banques refusèrent de voir le scandale.

Les preuves les plus éclatantes de ce complot, personne ne semble les avoir remarquées. La plus lourde et la plus significative, ce fut la suppression de la Déclaration des Droits de l'Homme et du Citoyen.

~~Cette~~ Ce texte admirable a toujours figuré en tête de la Constitution de la République Française. C'est lui qui assura, pendant un siècle, la liberté, et la dignité du citoyen français.

Comment les ~~[illegible]~~ députés de 1945 ont-ils eu l'audace de le supprimer, ~~et d'annuler~~ de détruire cette assise de nos lois républicaines, tout en se disant républicains?

C'est qu'avec ce texte sacré, l'entreprise d'asservissement de nôtre peuple devenait impossible, et les agressions des

Toute la gauche approuvait donc en secret la criminelle opération.

D'autre part, les trusts de l'industrie et du commerce se réjouissaient de la disparition prochaine de leurs petits concurrents, dont le nombre faisait la force – et commencèrent à monter un peu partout les magasins du genre Uniprix, ou Prisunic, ou Monoprix.

De leur côté, les Banques, qui financent les trusts, et qui tirent leurs bénéfices de l'achat et de la vente de leurs actions, voyaient avec plaisir la mise à mort de gens qui ne leur rapportaient rien. On sait que l'influence des banques sur le parlement est considérable.

Parmi les petits commerçants et les artisans eux-mêmes, il se trouva des imbéciles qui se réjouirent en secret de la disparition de leurs voisins, sans comprendre que leur tour allait venir.

Enfin, les fonctionnaires, et les employés, qui sont toujours très insuffisamment payés dans notre république, ne s'apitoyaient nullement sur les malheurs du boucher ou de l'épicier, qui ont une 203, ou même une vedette.

La gauche, les trusts et les banques refusèrent de voir le scandale.

Les preuves les plus éclatantes de ce complot, personne ne semble les avoir remarquées. La plus lourde et la plus significative, ce fut la suppression de la Déclaration des Droits de l'Homme et du Citoyen.

Ce texte admirable a toujours figuré en tête de la Constitution de la République française. C'est lui qui assura, pendant un siècle, la liberté et la dignité du citoyen français.

Comment les députés de 1945 ont-ils eu l'audace de le supprimer, de détruire cette assise de nos lois républicaines, tout en se disant républicains?

C'est qu'avec ce texte sacré, l'entreprise d'asservissement de notre peuple devenait impossible, et les agressions des polyvalents eussent été sévèrement punies dès le premier jour.

Dès la disparition de la garantie de nos libertés, notre fausse République a commencé son œuvre d'asservissement de la nation française.

Son premier soin fut de maintenir (aussi longtemps qu'elle

l'a pu), les instruments d'oppression qui avaient été mis en place par l'occupant. (Comités d'Organisation, de Répartition, etc.)

La disparition possible du petit commerce et de l'artisanat constitue une *menace terrible* pour le paysan.

C'est en définitive à l'épicier que le paysan vend ses légumes. S'il y a plusieurs épiciers, le paysan peut discuter son prix. Quand il n'y aura plus qu'un grand magasin dans chaque ville, c'est le grand magasin qui fixera lui-même le prix d'achat des légumes.

La IVe République, avec ses lois d'oppression, a déjà réussi à ruiner les vignerons. Que les autres paysans prennent garde : leur tour va venir!

La suppression de l'artisan forcera le paysan à s'adresser à l'usine, qui fera les prix qu'elle voudra!

On aura vite fait de démontrer que la petite exploitation agricole a un rendement trop faible, et qu'il faut la remplacer par la grande exploitation qui dispose de puissantes machines. Les trusts s'empareront des champs, et le paysan n'aura pas d'autre ressource que de se faire ouvrier agricole.

Pour l'ouvrier des villes, la menace est aussi grande.

Quand le trust sera le maître des prix d'achat, il sera aussi le maître des prix de vente.

L'État Républicain actuel n'est rien d'autre qu'une foire d'empoigne. Non seulement les élus ne songent qu'à leurs affaires, u lieu de s'occuper des nôtres, mais encore les fonctionnaires budgétivores n'ont d'autre but que d'augmenter leur importance, leur nombre, et leurs salaires.

Plusieurs dizaines d'années de politique « étatiste » nous ont amenés à la situation actuelle, que peu de Français connaissent, car elle est très soigneusement cachée.

Une société moderne ne peut vivre que sous deux formes : communiste ou capitaliste. Tous ceux qui essaient de se loger entre ces deux groupes sont des indécis, des inconscients, ou des profiteurs de la politique.

Dans la société communiste, ce qui existe et qui a sa vie propre, c'est la société. Son intelligence et sa volonté sont tout entières dans les fonctionnaires. Les individus-citoyens ne sont qu'une parcelle de l'État, ils en sont les serviteurs.

Dans la société capitaliste, ce qui existe c'est l'individu. L'État n'est que son serviteur, qu'il paie, et la société ne vit que par l'intelligence, la volonté et l'initiative des individus.

[1958]

LES INVASIONS

En un point du globe, un peuple vit heureux. Les récoltes sont suffisantes, les pensées des hommes sont calmes, ils « se sentent bien ». L'agriculture, l'industrie, le commerce sont prospères : les arts fleurissent.

Deux siècles plus tard, les enfants qui naissent sont moins beaux, moins intelligents, moins capables de produire. En quelques décades, la race dégénère, les récoltes sont moins bonnes, l'intelligence s'affaiblit.

Il arrive alors que les meilleurs émigrent vers d'autres sols; d'autres fois, c'est tout un peuple qui s'élance à la conquête de nouvelles terres; d'autres fois, enfin, le changement est si rapide que la race n'a même pas le temps de se défendre, et qu'elle périt sur place.

On n'a jamais expliqué les causes véritables des grandes invasions. Il est tout à fait probable que les Asiatiques qui envahirent l'empire romain n'en connaissaient pas l'existence. Et même s'ils en avaient entendu parler, il paraît peu raisonnable d'admettre qu'un peuple tout entier, avec les femmes et les enfants, abandonne soudain le sol natal dans le seul but de tuer des inconnus et de piller leurs villes. La situation de pillard n'est pas une situation durable, et le pillard lui-même en a vite assez : nous avons vu tous les barbares qui envahirent l'Europe la flamme au poing se transformer en paysans : les farouches Lombards, dans la plaine du Pô, marient la vigne à l'ormeau et font moudre le maïs pour la polenta. Quant aux Francs impitoyables, ils cultivent, d'une main engourdie, la betterave sucrière, et tissent pour nous les draps de Roubaix.

Ce qui est frappant, dans les grandes invasions, c'est qu'il ne s'agit pas d'aller voler les richesses de l'Europe pour rentrer ensuite chez soi : il s'agissait, pour ces hordes, d'aller s'installer définitivement en Europe, parce qu'elles ne pouvaient plus vivre chez elles : ces hommes et ces femmes n'étaient plus heureux dans leurs maisons, ni dans leurs tentes, ni dans leurs champs. Un peuple d'envahisseurs n'est rien d'autre qu'un peuple en fuite. On a dit qu'ils « fuyaient la famine, la sécheresse, les inondations, les changements de climat », et cette explication nous semble logique. Mais nous ajouterons qu'il ne s'agissait pas d'*une* famine accidentelle, ni d'une inondation due à une fonte des neiges trop rapide, ni d'*un* hiver trop froid, ni d'un été trop chaud. Il s'agissait certainement d'une évolution du climat, évolution lente, mais inexorable, et due à des événements souterrains.

Dans d'autres cas le changement de radiations a été si rapide, ou si insensible, que la race n'a pas eu le temps de réagir, et qu'elle n'a même pas songé à partir. Il est possible aussi que certaines radiations maléfiques puissent engourdir non seulement les muscles, mais encore la pensée des hommes. Nous pourrions ainsi expliquer l'extraordinaire dégénérescence de l'immense empire des Indes, où une race à demi paralysée se révèle incapable de produire sa nourriture, alors que ce pays, berceau de l'humanité, a vu certainement fleurir ses premières réussites.

Il est probable que la grande émigration des Aryens, dont nous sommes nés, s'est produite peu après une révolution souterraine.

Il est certain que dans cette contrée, l'influence des minéraux est plus forte qu'ailleurs, à cause des énormes chaînes de montagnes qui l'entourent : là, en beaucoup d'endroits, le sol surélevé domine l'homme. L'événement souterrain s'est produit il y a trois ou quatre mille ans. Ceux qui ont eu le temps ou les moyens de réagir sont partis, et ils sont devenus la race blanche. Ceux qui sont restés attendent sans révolte la famine annuelle, la terrible saison des pluies, et meurent de faim devant une vache, animal sacré, sans avoir la force de comprendre qu'une vache, c'est du steack.

Il y a aussi les civilisations qui ont entièrement disparu, sans laisser une créature vivante... Nous trouvons les ruines d'un Temple dans la forêt vierge, des remparts énormes sur une montagne, une ville sous le sable d'un désert. On parle de « séisme », de conditions climatiques, d'envahissement par le sable. Mais un tremblement de terre ne tue pas tout le monde, un changement de température ne peut être mortel pour l'homme, dont l'espèce supporte le froid sibérien ou la chaleur des tropiques – non pas avec joie, mais sans disparaître pour autant. Quant à l'envahissement par le sable, il convient de se demander quel peuple fut jamais assez fou pour construire une ville au milieu du désert. Il est tout à fait certain que les cités dont nous avons trouvé les vestiges dans le désert de Gobi, par exemple, furent établies dans des plaines verdoyantes, et capables de nourrir tout un peuple, sous un climat favorable à l'élevage de l'animal humain.

Il est toutefois évident que le climat de ces lieux a changé, et c'est précisément ce changement qu'il faudra expliquer au lieu de se borner à le constater.

Puisque la position géographique de ces lieux est immuable, ce n'est pas dans le ciel que nous pourrons trouver les raisons de ces changements de climat. Seule l'apparition de radiations nouvelles (ou la disparition de radiations anciennes) peut expliquer ce phénomène.

Au lieu d'attirer l'eau des nuages, le nouveau foyer l'a chassée, et il a même expulsé l'eau du sol. En même temps, il agissait sur le corps humain, qui contient une quantité d'eau considérable : il en gênait le fonctionnement, il en affaiblissait l'énergie, il désorientait la pensée de l'homme, et détruisait la race en même temps que le paysage.

Un autre exemple très remarquable, c'est celui des civilisations américaines, celle des Incas, ou celle des Aztèques.

Ce ne sont pas ces êtres somnolents qui ont taillé, transporté et mis en place ces blocs de six tonnes. Et d'ailleurs, pourquoi auraient-ils construit de tels remparts ? Pour se protéger contre qui ? Toutes les races de cette région étaient, en 1500-1600, si paisibles et si moutonnières! De toute évidence, il n'en fut pas toujours ainsi et ces Aztèques étaient sans aucun doute les fils dégénérés d'une race intelligente, active, robuste, violente. Cette race ne s'est nullement abâtardie, au sens propre du mot : je veux dire que ce n'est pas par l'apport d'un sang étranger qu'elle a perdu ses qualités propres. Elle a changé sur place, et dans la constitution même des individus.

La tradition – acceptée par les savants – affirme que la civilisation des Aztèques fut détruite par des tremblements de terre : on en voit encore les traces. Nous acceptons très volontiers cette explication, mais elle nous semble incomplète.

L'action mécanique du tremblement de terre a pu renverser les édifices (pas tous, puisqu'il en reste encore aujourd'hui) couper les routes, détourner les fleuves, et tuer une grande partie de la population. Beaucoup, cependant, ont survécu au désastre et ils ont repeuplé la contrée. Or, nous savons que l'homme est un animal merveilleux, dont la puissance de réaction est inépuisable. Passées les pires épreuves, il les oublie à peu près complètement, si elles ne l'ont pas marqué dans son corps.

Il y a des rapatriés des camps de la mort qui, après quatre années de torture et d'angoisse, nous revinrent à l'état de squelettes vivants : beaucoup d'entre eux ont regagné trente ou quarante livres, rient volontiers d'un trait d'esprit, et semblent avoir retrouvé leur caractère d'autrefois. En tout cas, pour leurs enfants, le martyre du père n'est qu'un affreux récit, et ils n'en sont nullement diminués.

Les Incas survivants se trouvèrent dans un pays dévasté. Mais il est plus facile de relever les ruines d'un temple que de le construire; il faut moins de travail et d'intelligence pour remettre en état un aqueduc que pour l'établir. Pourquoi les générations suivantes furent-elles incapables de restaurer l'œuvre de leurs pères ?

Parce que les séismes n'étaient que la conséquence mécanique d'un très grand événement souterrain. Le climat radiant en fut changé, et changea le tempérament, le caractère, et la force vitale de ces hommes.

Le fait saillant de la dégénérescence d'une race, c'est l'affaiblissement de la mémoire, qui est la base même de l'intelligence et de l'action. (Les Brésiliens, les Patagons, les Hindous, les Incas.)

Or nous savons que la mémoire a son siège dans le cerveau, et que le cerveau n'est rien d'autre qu'une machine électrique ou électronique...

Chez certains Américains, la passion de l'alcool est le désir d'échapper aux radiations qui les rendent tristes.

D'autre part, ils ont toujours soif. Ils boivent beaucoup plus que nous : eaux minérales, lait, coca-cola.

Le chewing-gum remplace le petit caillou du sauvage qui essaie de tromper sa soif.

DOCTRINES ET PROMESSES

Le camp de travail, tel qu'il fonctionnait en Allemagne, et tel qu'on nous dit qu'il fonctionne en Russie, est l'aboutissement imprévu, mais forcé, des doctrines de ces pays.

Les tribuns ont répété aux foules qu'elles étaient sacrées, que tout leur appartenait, qu'on leur devait tout. Les foules en ont conclu que le triomphe de la doctrine leur apporterait la richesse dans le farniente.

Un jour, la doctrine triomphe, et l'ouvrier dépose ses outils. Il veut habiter le château mais il y trouve deux mille camarades, qui ont déjà vidé les caves, et qui se battent dans la cour d'honneur : c'est la première déception. Il cherche l'automobile du patron : mais elle est déjà partie, chargée de commissaires du peuple, qui sont allés à Paris prendre les ordres.

Alors, les chefs deviennent inquiets. Ils louent la noblesse du travail, le travail « du peuple pour le peuple ». On invente le héros du travail, on le décore, on le salue.

Mais l'ouvrier se moque des saluts : il voulait du confort et des loisirs, et cet espoir déçu a détruit son courage. Il lui faut redescendre au fond de la mine : mais il y parle plus qu'il ne pioche.

La misère s'installe dans le pays.

Alors, on fait des lois nouvelles, qui inventent des crimes nouveaux. Le premier de tous et le plus fréquent s'appelle « sabotage ». Autrefois, c'était l'action de « détruire » des instruments de travail. Aujourd'hui, le saboteur, c'est l'ouvrier dont le rendement est jugé insuffisant.

On l'envoie aussitôt dans un camp de « ré-éducation ». Il est ainsi arraché à sa famille et à son milieu. Il vit dans des conditions très dures, pour l'affaiblir et le soumettre. Ceux qui étaient assez faibles sont très vite ré-éduqués. Les révoltés sont écrasés par une discipline terrible, et utilisés jusqu'au bout à des travaux forcés.

La police devient donc une armée chargée d'empêcher l'élite de montrer ses qualités, et de les mettre à profit.

[1955]

COLLABORATION : QUESTIONS DÉLICATES

1. Un auteur a collaboré à des films allemands en qualité de scénariste ou de dialoguiste.

Le metteur en scène, les acteurs, le personnel technique, le compositeur ne sont pas inquiétés. Faut-il condamner l'auteur ?

2. Un auteur a vendu les droits de l'une de ses œuvres aux Allemands. L'adaptateur, et tous les collaborateurs du film ne sont pas inquiétés.

Faut-il condamner l'auteur ?

3. Ceux qui ont collaboré avec les Italiens, sous l'occupation italienne, ne sont-ils pas des collaborateurs ? Et ceux qui sont allés tourner en Italie ?

4. Pour les actualités, les éditeurs, les opérateurs, les commentateurs, et les exploitants qui les ont projetées n'ont pas été condamnés. Peut-on condamner les compositeurs ? Il faut alors condamner les chefs d'orchestre, les exécutants, les ingénieurs du son, les développeurs et les tireurs.

5. A-t-on condamné tous ceux qui ont traduit et sonorisé « le Juif Süss » ? Ce film est un modèle de propagande. Il a produit un effet considérable, surtout en province. Si ceux-là ne sont pas condamnés, comment pourrions-nous condamner ceux qui ont écrit ou tourné des films français, sous une direction française, mais pour une firme allemande, ou italienne ?

Les auteurs qui ont touché des droits importants sur les places payées par des Allemands en uniforme sont-ils condamnables ? Et les directeurs ?

Où commence la collaboration ? Il me semble que l'on pourrait dire que c'est « une aide apportée volontairement à l'ennemi » *.

[1945]

* *Marcel Pagnol, nouveau Président des Auteurs, eut à faire face aux dénonciations de tout bord qui assaillaient son bureau – N.d.E.*

Questions délicates.

1. Un auteur a collaboré à des films allemands en qualité de scénariste ou de dialoguiste.

Le metteur en scène, les acteurs, le personnel technique, le compositeur ne sont pas inquiétés. Faut-il condamner l'auteur ?

2. Un auteur a vendu les droits de l'une de ses oeuvres aux Allemands. L'adaptateur, et tous les collaborateurs du film ne sont pas inquiétés.

Faut il condamner l'auteur ?

3. Ceux qui ont collaboré avec les italiens, sous l'occupation italienne, ne sont-ils pas des collaborateurs ? Et ceux qui sont allés tourner en Italie ?

ÉVOLUTION DES RÉVOLUTIONS

La naissance, la vie et la mort d'une révolution forment un cycle toujours semblable à lui-même.

Lorsque les révolutionnaires parlent de « la » révolution, ils ne précisent pas, et ils ont bien raison : il n'y en a qu'une, et qui recommence sans cesse : c'est la révolution chrétienne.

On attribue généralement tout le mérite – ou tous les méfaits – d'une révolution aux quelques hommes qui en tirent profit.

C'est là une erreur fondamentale.

Lorsqu'une « révolution » est l'œuvre d'un homme, ou d'un groupe d'hommes, ce n'est pas une révolution, ce n'est qu'un changement de gouvernement.

Le remplacement d'un roi légitime par un usurpateur, ou le remplacement d'un usurpateur par un roi du sang ne sont que de petites histoires de palais ou de couloirs.

La révolution est faite par les masses, par un mouvement général, dont la source jaillit d'une obscurité profonde qui est l'esprit des Évangiles. C'est toujours un mouvement religieux, dans le sens que nous donnons à ce mot.

La première des grandes révolutions fut la destruction de l'empire romain par les barbares : la puissance de l'empire – qui depuis des siècles écrasait chaque année les hordes barbares, et enrôlait les survivants dans ses légions – avait été délitée par l'esprit chrétien.

En France, les grandes révolutions sont la Réforme, La Révolution de 89, celle de 48, celle de 1936, et la politisation de la C.G.T., à partir de 1944.

Cette révolution est actuellement en cours.

[1950]

LES CANARDS DANSEURS

J'ai connu, dans ma jeunesse, le Maître à danser des Canards Danseurs.

C'était un ancien instituteur de la promotion de mon père. Il apprenait à lire, depuis quelques années, aux petits paysans provençaux, dans un gros village, lorsqu'une petite foire vint y passer quelques jours.

Au nombre des « attractions », il y avait tout naturellement, une de ces loteries, dont la grande roue crépitante, instrument du Destin, distribue aux heureux gagnants des boîtes de sucre d'un kilo, et des bouteilles d'un vin mousseux légèrement purgatif.

Celle-là était mue par la jolie main d'une belle fille. Le jeune instituteur la vit. Il perdit toutes ses économies, mais il gagna trente-deux kilos de sucre, douze bouteilles de mousseux et la jolie fille.

Comme elle était vertueuse – ce qui n'est pas rare chez les foraines – il l'épousa. Puis, comme elle refusait de quitter sa roulotte, il demanda un congé illimité pour convenances personnelles et prit la route avec elle, au comble du bonheur.

Il voulut d'abord la remplacer à la roue de la chance : mais le stock de Sucre et de Mousseux Impérial parut bientôt grandement menacé : malgré de brillantes études à l'école Normale, il s'avéra incapable de compter la chance, et ne sut pas éviter la sortie trop fréquente des numéros gagnants, comme y réussissait sa chère compagne. Elle reprit sa place; le débit de sucre et de mousseux en fut instantanément ralenti, au mieux de leurs intérêts. Comme la belle-mère se chargeait entièrement des soins du ménage, le jeune mari n'eût plus grand-chose à faire, si ce n'est à réciter le boniment qui attirait la clientèle. A cause de la rigide armature morale dont ses maîtres l'avaient équipé, il souffrait de cette situation secondaire et réfléchissait jour et nuit pour trouver le moyen d'en sortir, en collaborant de plus près au travail du ménage : comme beaucoup de badauds passaient sans s'arrêter devant la Roue de la Chance, il décida d'installer une attraction gratuite qui fixerait leur attention : c'est ainsi qu'il inventa les Canards Danseurs.

Dans une cage de grillage doré, de plus de trois mètres de long sur 0,75 de largeur et de hauteur, on voyait douze canards de grande taille.

Sous le plancher en tôle de la cage étaient disposées des rampes à gaz, qu'un comparse en coulisses allumait, au moment même où le dresseur ordonnait aux canards de danser.

Leur maître les présentait sous le titre : Les Canards Danseurs; puis il ajoutait : « Vous avez constaté que lorsque j'ai prononcé les mots « Canards Danseurs » ces intelligents volatiles n'ont pas bougé, car ce n'est pas là leur véritable dénomination : ils viennent en effet de la Floride, qui est un état d'Amérique, ce sont les célèbres Dancing Ducks. A ces deux derniers mots prononcés avec une énergie triomphale, toute la rangée sautait sur place, battant des ailes, et poussant des cris de fierté.

Cette historiette ne présente pas un grand intérêt : elle symbolise pourtant la condition humaine, et elle éclaire peut-être l'histoire de notre espèce, car nous sommes des canards danseurs.

J'ai essayé, dans les pages qui vont suivre, de rassembler quelques arguments pour soutenir cette hypothèse.

I

Le grand défaut de l'homme, c'est son anthropocentrisme qui est d'ailleurs indispensable à la vie : toute créature vivante est évidemment égocentriste.

C'est ainsi que l'homme a toujours eu la prétention de trouver en lui-même la cause de tous les événements : les religions poussent cette prétention jusqu'au ridicule.

C'est à cause de la mauvaise conduite des Juifs que Dieu a provoqué le Déluge. Ce sont les mœurs dissolues des riches habitants de Pompei que le Vésuve s'est révolté; c'est parce que les Marseillais étaient d'insatiables fornicateurs, et qu'ils trichaient sur le poids des marchandises que la peste de 1720 en a tué les deux tiers, etc. Les exemples de cette stupidité sont innombrables. Il est vrai qu'ils appartiennent au passé, et que d'une façon générale, la science en a fait justice. Cependant, il en reste d'autres – infiniment moins ridicules.

Par exemple, les grandes invasions sont le fait de peuplades guerrières affamées de conquêtes. Responsables sont leurs chefs : Gengis Khan, Attila, Teutobochus.

La civilisation Maya a disparu, parce que le peuple, dégénéré, ne s'est pas soucié de la reconstruire.

L'Inde a connu une très ancienne civilisation, comme l'Égypte.

Ces civilisations ont disparu, parce que les Hindous ont été séparés par des querelles religieuses, ou des superstitions regrettables, parce que les derniers Pharaons furent des incapables, dominés par des prêtres stupides, etc.

Toujours l'explication s'arrête à l'homme, comme s'il était la cause première des événements, des civilisations, ou des dégénérescences. Cette explication de l'homme par l'homme est d'une évidente absurdité.

II

Pendant des milliers de siècles, l'homme a cru à la parfaite inertie de la matière. Grâce aux recherches de millions de savants, nous savons qu'elle est une forme condensée de l'énergie, et que chaque molécule est un grumeau d'énergie.

Depuis très peu de temps, nous avons appris, grâce à Becquerel et à Pierre Curie, que certains de ces grumeaux se désintègrent en émettant un rayonnement, et qu'ils disparaîtront après une période plus ou moins longue.

Celle du radium est de 2500 ans, celle du plutonium..., etc.

Ni nos sens, ni nos appareils ne nous ont encore permis de déceler et de mesurer les radiations émises par toutes les formes de la matière : mais le phénomène des catalyseurs, qui a si longtemps intrigué nos pères, semble prouver que le platine par exemple, émet un rayonnement, et que ce sont ces deux radiations qui favorisent la combinaison des deux corps.

Il semble donc certain que tous les corps agissent par leur seule présence.

Quelle est la composition de notre globe ?

Pratiquement, nous n'en savons que fort peu de choses, car nous ne connaissons guère que sa surface.

Ce qui nous gêne pour constater les effets des radiations souterraines, c'est d'abord parce que ces phénomènes ont des durées qui ne sont pas à la mesure de l'homme.

C'est ensuite notre vanité naturelle, qui nous aveugle au point d'expliquer tous les épisodes de l'histoire des peuples par des causes purement humaines. Ainsi, Sodome et Gomorrhe furent détruites par Dieu parce que ces villes étaient tombées dans une double homosexualité, seule cause de la puissante explosion nucléaire qui rasa les deux cités, et qui changea la malheureuse femme de Loth – qui marchait la dernière – « en statue de sel ». C'est-à-dire que si ces hommes et ces femmes avaient fait bien sagement l'amour, ce phénomène géologique n'eût pas eu lieu.

De même, on attribue toujours à un seul homme les changements qui transforment un peuple : Hitler, Napoléon, Louis XIV, Mussolini, Charles Quint, etc.

Ces hommes ne sont pas la cause première de ces changements : ils ne sont que des effets d'une cause souterraine, que par une sensibilité particulière, ils ont enregistrée les premiers : c'est parce qu'ils se sont mis en marche que la colonne les a suivis, mais elle marchait déjà dans le même sens.

Je pense donc que nous sommes les Canards Danseurs.

[1958]

Les Canards Danseurs

—

J'ai connu, dans ma jeunesse, le Maître à danser des Canards Danseurs.

C'était un ancien instituteur, de la promotion de mon père. Il ~~avait~~ apprenait à lire, depuis quelques années, aux petits paysans provençaux, dans un gros village, lorsqu'une petite foire vint y passer quelques jours.

~~Il y avait~~, Au nombre des "attractions", il y avait tout naturellement, une ~~des~~ de ces loteries, dont la grande roue, crépitante, instrument du Destin, distribue aux heureux gagnants des boîtes de sucre d'un kilog, et des bouteilles d'un vin mousseux légèrement purgatif.

Celle là était mue par la jolie main d'une belle fille. Le jeune instituteur la vit. Il perdit toutes ses économies, mais il gagna trente deux kilogs de sucre, douze bouteilles de mousseux, et la jolie fille.

Comme elle était vertueuse – ce qui n'est pas rare chez les foraines – Il l'épousa. Puis comme elle refusait de quitter sa roulotte, il demanda un congé illimité pour convenances personnelles, et prit la route avec elle, au comble du bonheur.

Il voulut d'abord la remplacer à la Roue de la chance : mais le stock de Sucre et de Mousseux Impérial parut bientôt grandement menacé : malgré de brillantes études à l'école Normale, il s'avéra incapable de compter la chance, et ne sut pas éviter

II

MONTAIGNE

Note de l'Éditeur : *Le texte qui suit a été déjà publié dans GLOIRES DE LA FRANCE (Librairie Académique Perrin), ouvrage actuellement épuisé chez son éditeur, et repris ensuite dans l'édition bibliophile Jean de Bonnot. Nous avons considéré toutefois utile de rendre ici au plus grand public cet essai qui témoigne d'une forte parenté d'esprit.*

C'est en 1570 que Michel de Montaigne vendit sa charge de Conseiller à la cour des Aides, pour se retirer dans son domaine de Montaigne. Il n'avait que trente-sept ans et demi, et prenait sa retraite, pour vivre en paix, et réfléchir.

Cette décision surprenante nous révèle son caractère : il fuyait le monde et la ville.

Il était Conseiller à la Cour des Aides, c'est-à-dire qu'il jugeait les procès fiscaux, à la manière de notre tribunal administratif. C'est du haut de son siège qu'il put étudier les hommes et les juger pour son propre compte, et non pas seulement du point de vue fiscal.

Cependant, il semble que cette magistrature ne l'intéressa pas très longtemps, car c'est en 1570 qu'il vendit sa charge, et prit sa retraite : il n'avait que trente-sept ans : c'est un trait de caractère qui nous semble significatif.

Ses ambitions n'étaient pas grandes. Il voulait agrandir et réparer sa demeure, pour y vivre en « pleine oisiveté », et pour réfléchir.

C'est ainsi qu'il écrivit les Essais, qui n'ont ni plan, ni continuité, on pourrait dire – sans intention péjorative – ni queue ni tête.

Fut-il croyant ?

Il est vrai qu'il parle quelquefois de Dieu avec respect, mais sans aucune nuance d'adoration, et comme par prudence.

L'inquisition faisait rage, de l'autre côté des Pyrénées, et sa mère, une demoiselle Lopez, appartenait sans aucun doute à une famille de Juifs espagnols qui avait quitté l'Espagne pour éviter le bûcher.

Il avait certainement entendu dans son enfance le récit de ces atroces cérémonies, et ses grands-parents maternels pleuraient peut-être encore quelques aïeux solennellement brûlés sur une place publique, aux applaudissements de la foule. S'il fut élevé dans l'amour de Dieu, ces récits inspirèrent certainement au jeune Michel la crainte de l'Église.

En effet, dans ce texte admirable, mais « ondoyant et divers » comme son auteur, et qui expose souvent des opinions contradictoires, ces « notes » sont presque toujours des prises de position parfaitement claires.

Il semble qu'il ne s'agisse pas « d'additions », mais de coupures que l'auteur, par prudence, avait faites dans le texte original, et qu'il a rétablies, en secret, dans un seul exemplaire, pour qu'elles fussent publiées après sa mort.

Il a jugé lui-même son style : « Tel sur le papier qu'en la bouche... Que le gascon y aille, si le français n'y peut aller! »

C'est à la mort de son père, en 1570, qu'il se retire à la campagne.

Il serait évidemment ridicule d'essayer d'enfermer Montaigne en quelques pages; mais il est sans doute possible d'examiner ici un point fort discuté, et qui n'est pas encore éclairci : Montaigne était-il véritablement catholique ? Avait-il la foi ?

Des critiques catholiques l'ont reconnu comme un des leurs. Dès 1773, un érudit bénédictin, Dom Devienne, publia une longue « Dissertation sur la religion de Montaigne ».

Puis, un autre critique, La Bouderie, écrivit en 1819 « Le christianisme de Montaigne », et plus récemment un éminent docteur es lettres, Maturin Dréano, consacra un gros volume à « La Pensée Religieuse de Montaigne ».

Il en est d'autres, qu'il n'est pas utile de citer ici.

Leur premier argument, et qui paraît sans réplique, c'est que Montaigne s'acquitta toute sa vie, et publiquement, des devoirs que l'Église impose aux fidèles : le jour de sa mort, une messe fut célébrée dans sa chambre pendant qu'il agonisait. D'autre part, dans les Essais, il a toujours parlé de Dieu avec un profond respect.

Tout ceci, qui est parfaitement vrai, est cependant discutable.

Montaigne était l'arrière-petit-fils d'un roturier. Raymond Ayquem, qui s'était enrichi dans le commerce (nous dit-on) » des harengs, des vins, et du pastel ».

Ce pastel n'était certainement pas, comme on pourrait le croire, destiné à des pastellistes. C'était peut-être une herbe tinctoriale qui venait d'Espagne, ou plutôt une sorte de pâte, dont on faisait, selon Froissard, des flans et des tartelettes : cette acception du mot unifierait l'activité de Raymond Ayquem, en rattachant ce « pastel » aux harengs et au vin, c'est-à-dire à des nourritures. En somme, le bisaïeul était un épicier en gros, qui avait fait fortune comme tous les épiciers en gros quand ils sont intelligents, et avec sa fortune, il acheta un château, dont la possession faisait du propriétaire un gentilhomme. Ce bisaïeul était remarquable pour sa piété, et il laissa à l'Église une somme si considérable qu'une messe était célébrée en souvenir de sa mort non pas chaque année, mais chaque mois.

Ce Raymond eut un fils, Grimon Ayquem, fabricien de sa paroisse.

Deux des fils de Grimon entrèrent dans les ordres, le troisième Pierre Ayquem, fut le père de notre écrivain.

Ce Pierre Ayquem, homme d'une piété exemplaire, épouse cependant Antoinette Lopez, une juive convertie, dont la famille avait fui l'Espagne, après avoir vu brûler, en place publique, aux applaudissements de la foule, un grand oncle, Ramon Lopez, condamné par l'Inquisition.

La foi de ces juifs convertis, qui n'étaient entrés dans l'Église que pour échapper au bûcher, était évidemment suspecte. Montaigne parle de ceux du Portugal, « de la foi desquels, ou de leur race encores aujourd'hui cent ans après, peu de Portugais s'asseurent »...

A Bordeaux, où les réfugiés étaient nombreux, on s'en défiait autant qu'au Portugal, et l'on disait qu'ils célébraient en secret les cérémonies de leur ancienne religion... C'est pourquoi ces immigrants faisaient montre d'une foi d'autant plus fervente que ses manifestations étaient leur sauvegarde.

Mais Montaigne lui-même nous dit : « la coustume et la longueur de temps sont bien plus fortes conseillères que toute autre contrainte », et Pascal, cent ans plus tard, devait affirmer que la répétition des gestes et des attitudes chrétiennes faisaient naître inévitablement une foi sincère dans l'âme des simulateurs.

C'est ainsi que plusieurs membres de la famille Lopez, après une ou deux générations entrèrent dans les ordres, et Martin Del Rio, fils d'Eléonore Lopez, réfugiée à Anvers, entra dans la Compagnie de Jésus et devint célèbre pour sa sévérité envers les hérétiques.

La mère de Montaigne fut, elle aussi, une catholique fervente, et il est certain que Montaigne fut élevé chrétiennement : il s'est acquitté toute sa vie, et publiquement, de tous les devoirs d'un bon catholique, et l'on nous dit même que pendant qu'il mourait, une messe fut célébrée dans sa chambre; mais il nous semble que ces gestes ne suffisent pas à prouver sa foi.

D'abord Conseiller à la Cour des Aides, puis au Parlement de Bordeaux, puis Maire de sa ville natale, ses fonctions officielles lui imposaient une attitude; d'autre part, gentilhomme de fraîche date, il était tenu de prouver publiquement sa noblesse par sa piété, et de suivre les usages de la caste dans laquelle il venait d'entrer.

D'autre part, il avait épousé Françoise de la Chassaigne, qui était la sœur de Geoffroy. Le beau-frère, spécialiste de la chasse aux hérétiques, « faisait des coupables telle et si cruelle punition que ce pût servir de terreur et exemple à tous autres », et il faisait preuve de tant de zèle et de cruauté que le féroce Monluc, lorsqu'il eut besoin d'un adjoint, choisit immédiatement François de la Chasseigne.

Enfin, l'Inquisition, qui faisait toujours rage en Espagne,

existait encore en France, et il eût été fort imprudent de prendre une attitude de mécréant.

C'est pour toutes ces raisons que le comportement catholique de Montaigne ne nous semble pas une preuve décisive de sa foi, et que c'est l'examen des « Essais » qui peut nous permettre de formuler une opinion.

Il nous a dit : « Je veux non seulement écrire de moi, mais écrire seulement de moi », et il a ouvert son ouvrage sur cette affirmation : « c'est icy un livre de bonne foi ».

Dans ce livre de bonne foi, nous avons choisi deux chapitres qui nous semblent d'une grande importance, et particulièrement révélateurs : l'apologie de Raymond Sebond et « Que philosopher c'est apprendre à mourir ».

Il faut d'abord noter que la traduction de la Theologia Naturalis lui fut demandée par son père dans sa jeunesse, puis, beaucoup plus tard, ce sont des lectrices de Raymond Sebond, et parmi elles, Marguerite de Valois, femme d'Henri IV, qui prièrent Montaigne « de les secourir, pour descharger leur livre de deux objections qu'on lui fait ».

Le chapitre « Que philosopher c'est apprendre à mourir » est encore beaucoup plus significatif.

Tout au long de vingt-trois pages, Montaigne parle de la mort, dans un style d'une clarté et d'une force souveraines : voici quelques-unes des idées qu'il exprime :

I – « Si vous avez fait proufit de la vie, vous en estes repu. Allez vous en satisfaict! »

II – « La mort ne vous concerne ni mort ni vif : vif parce que vous êtes mort, mort, parce que vous n'êtes plus. »

III – « Quelle sottise de nous peiner sur le point du passage à l'exemption de toute peine... »

IV – « Le sault n'est pas si lourd du mal-estre au non-estre. »

Il nous semble que ces quatre phrases signifient très clairement qu'après la mort, il n'y a plus rien, et cette « exemption de toute peine », c'est la négation du Jugement, du Purgatoire et de l'Enfer, qui terrorisait les chrétiens de cette époque plus encore que ceux d'aujourd'hui.

Il faut souligner qu'aucune de ces affirmations ne figurait dans les textes publiés du vivant de l'auteur; elles ont été ajoutées, de la main de Montaigne, dans les marges d'un exemplaire de l'édition de 1588, qui se trouve encore à la Bibliothèque de Bordeaux. On peut en inférer qu'il a exprimé là sa véritable et dernière pensée. Il s'était bien gardé d'en dire autant dans l'édition de 1580, condamnée à Rome par les censeurs du Saint Office, condamnation assez peu sévère, et à laquelle il se soumit très humblement.

Enfin, l'ensemble du chapitre confirme notre façon d'entendre ces quatre phrases.

Ce texte est enrichi de quarante et une citations. Dix-sept sont empruntées à Lucrèce, neuf à Horace, trois à Sénèque, deux à Virgile, deux à Manilius, et une à sept autres écrivains profanes : Maximianus, Silius, Italicus, Ovide, Catulle, Properce, Cicéron, Claudien.

Il est surprenant qu'un écrivain catholique puisse écrire vingt pages admirables sur la mort sans citer une seule fois les Écritures, ou les Pères de l'Église.

Enfin, la voix mystérieuse qui parle pendant les six dernières pages, ce n'est pas celle de Dieu, ni de l'Esprit Saint, ni du Sauveur : c'est celle de Dame Nature. Quant à la vie éternelle, qui est le grand et peut-être l'unique souci d'un croyant, il n'y est fait allusion qu'une seule fois dans une très petite phrase, d'ailleurs contredite par tout le contexte, et qui paraît surajoutée par prudence : « La mort est origine d'une autre vie ». Rien de plus, et le chapitre se termine par cette pathétique description de la mort d'un homme :

Je crois à la vérité que ce sont ces mines et appareils effroyables de quoi nous l'entourons, qui nous font plus peur qu'elle... Les cris des mères, des femmes et des enfants, la visitation de personnes estonnées et transies... une chambre sans jour, des cierges allumés, notre chevet assiégé de médecins et de prêcheurs, tout horreur et tout effroy autour de nous...

Ainsi, parmi les effrois et les horreurs, Montaigne compte les cierges et les prescheurs, c'est-à-dire les prêtres qui apportent au mourant les Saintes Huiles et l'absolution définitive.

L'apologie de Raymond Sebon est un document très important.

Montaigne démontre d'abord, en 350 pages, le misérable état de l'homme.

« Est-il possible de rien imaginer si ridicule que cette misérable et chétive créature, qui n'est pas seulement maîtresse de soi, exposée aux offenses de toutes choses, se dit maîtresse et emperière de l'univers, duquel il n'est pas en sa puissance de connaître la moindre partie, tant s'en faut de la commander! ».

Il s'attaque ensuite à notre raison, si faible, si changeante, si incertaine... Il la déclare incapable d'arriver à la moindre certitude sur quelque sujet que ce soit, et se moque cruellement de ses prétentions lorsqu'elle veut parler à Dieu, qu'elle ne peut même pas concevoir, et à qui elle prête audacieusement sa propre nature.

1) « C'est à *Dieu* seul de se connaître, et *d'interpréter* ses ouvrages...

« *L'homme ne peut être que ce qu'il est, ni imaginer que selon sa portée.* »

2) « *C'est bien loin d'honorer celui qui nous a faict, que d'honorer celui que nous avons faict.* »

Cette phrase – qui vise évidemment « Dieu fit l'homme à son image »... – aurait pu valoir une condamnation sévère à son auteur, si ses juges l'avaient connue.

L'Apologie, jusqu'à sa dernière page, a l'allure et la démarche d'un pamphlet de Voltaire contre la religion, inventée par l'imbécillité de notre raison; puis l'ouvrage s'achève tout à coup sur une envolée à la gloire de Dieu, et de l'homme, qui, si Dieu lui tend la main, peut s'élever au-dessus de son humanité. Le lecteur en est tout surpris, et se demande quelle peut être la valeur d'un démenti de 200 lignes à la fin d'un pamphlet de 350 pages; il garde l'impression que Montaigne, par peur des coups, vient de « se cacher sous la peau d'un veau ».

Il faut enfin citer une opinion qui le représente tout entier :

« C'est mettre à bien haut prix nos conjectures que d'en faire brûler un homme tout vif. »

Ceux qui proclament la foi sincère de Montaigne ne

manquent pas de faire remarquer qu'il a écrit ces lignes à propos des sorciers et sorcières que les tribunaux envoyaient au bûcher, mais je ne puis m'empêcher de croire qu'il pensait aussi à son arrière-grand-oncle Ramon Lopez, cuit tout vif sur une place publique par l'Inquisition.

« Une Conjecture », nous disent les dictionnaires, c'est « une supposition plus ou moins fondée »... Quelles sont les conjectures au nom desquelles tant de Juifs furent brûlés? Évidemment, le dogme de l'Église catholique.

D'ailleurs les fondements même de sa philosophie sont fort clairs, et le « Que sais-je? » qui fut sa devise est tout l'opposé de l'esprit de l'Église.

Le curé de mon village me dit un jour :

– Ton Montaigne m'agace! Que sais-je? Que sais-je? Vieux mécréant, tu sais ton catéchisme! Si tu ne le sais pas, apprends-le.

Nous fîmes quelques pas sur l'esplanade, puis il dit encore :

Et le « mol oreiller? Tu trouves que c'est bien, le » mol oreiller pour une tête bien faite? Moi, ça me fait mal au cœur quand je pense à la Couronne d'épines de Notre Seigneur Jésus-Christ.

Telles furent les paroles d'un vrai croyant.

Nous ne voulons pas dire ici que Montaigne ne fut qu'un Tartufe, qui joua longuement la Comédie d'une fausse piété. Mais il nous semble certain qu'il n'eût pas la Foi, car un homme qui doute de tout commence par douter de la religion. Il accepta et pratiqua la morale chrétienne, et ne fut pas un ennemi de l'Église : elle était pour lui une « authorité indispensable; il a pris très sincèrement son parti contre la Réforme, en disant : « Le meilleur et le plus sain parti est sans doute celuy qui maintient la religion et la police ancienne du pays. »

Il a certainement cru en Dieu, mais en un Dieu inconnaissable, et il a refusé d'admettre la trop humaine métaphysique chrétienne. Il ne l'a pas dit à haute voix, car il craignait le Tribunal de Rome, et sans doute aussi n'avait-il nul désir de troubler l'ordre établi. Enfin, puisque nous ne pouvons rien savoir de Dieu, autant adorer celui qui est en usage chez nous, tout en laissant, dans les marges de l'exemplaire de Bordeaux, quelques aveux pour la Postérité.

III

FRAGMENTS

LE ROSSIGNOL

Il ne faut pas trop nous emmerder avec le « chant du rossignol ».

Qui parle du chant du rossignol ? Les citadins.

Où entend-on le rossignol ? A la campagne.

Il est clair que pour le citadin le mot de rossignol évoque la nuit d'été, le clair de lune, les vacances du collégien, le premier baiser.

Telles sont les beautés du chant du rossignol : mais elles n'en font pas partie.

Un collégien d'aujourd'hui vient de passer ses vacances près de Saint-Tropez. Il avait un rendez-vous chaque soir avec la fille du fermier, aussi jeune et aussi fraîche que lui. Ils subirent leur premier amour dans un pré, au bord de la petite voie ferrée ou passe, chaque soir, la Micheline, qui cornait trois fois, à cause du passage à niveau.

Ces deux enfants nous parleront plus tard, en pleurant de tendresse, du chant d'amour de la Micheline.

Qui entend souvent le chant du rossignol ? Qui connaît bien le rossignol ?

Le paysan.

Que dit-il du rossignol ?

Il n'en dit rien, d'abord parce qu'il en a la bouche pleine. Il dit ensuite que de tous les gibiers, c'est le plus gras et le plus fin.

La grande chance du rossignol, c'est qu'il ne chante pas à la salle Pleyel.

Le Rossignol.

Il ne faut pas trop nous emmerder avec le "chant du rossignol".

Qui parle du chant du rossignol? Les citadins.

Où entend-on le rossignol? A la campagne.

Il est clair que pour le citadin le mot de rossignol évoque la nuit d'été, le clair de lune, les vacances du collégien, le premier baiser.

Telles sont les beautés du chant du rossignol : mais elles n'en font pas partie.

Un collégien d'aujourd'hui vient de passer ses vacances près de Saint Tropez. Il avait un rendez-vous chaque soir avec la fille du fermier, aussi

jeune et aussi fraîche que lui.
Ils subirent leur premier amour dans un pré, au bord de la petite voie ferrée où passe, chaque soir, la Micheline, qui cornait trois fois, à cause du passage à niveau.
Ces deux enfants, ~~pourraient~~ nous parleront plus tard, en pleurant de tendresse, du chant d'amour de la Micheline.

—

Qui entend souvent le chant du rossignol ? Qui connaît bien le rossignol ?
Le paysan.
Que dit-il du rossignol ?
Il n'en dit rien d'abord, parce qu'il en a la bouche pleine. Il dit ensuite que de tous les gibiers, c'est le plus gras et le plus fin.
La grande chance du rossignol, c'est qu'il ne chante pas à la salle Pleyel.

CATHARSIS *

« Catharsis », c'est la « Purge » au sens médical et physiologique du mot, et les hellénistes nous disent qu'Aristote ne l'a jamais employé au sens noble de « purification » qui est ici un faux sens.

A l'époque où le film muet n'était pas encore un art, il faisait cependant le régal des foules, j'entendis un jour un directeur de salle qui demandait à un distributeur de films :

– Dans quelle bobine est la soirée mondaine ?

– Dans la quatrième, dit le distributeur.

– J'aimerais mieux dans la dernière, dit le directeur.

– Oh! dit le distributeur, vous pouvez la mettre à la fin, ça n'y changera pas grand-chose.

Il m'apprit ensuite que dans les « quartiers » la bobine de la soirée mondaine était obligatoire, parce que les pauvres veulent partager un instant l'existence de messieurs en habit, et de dames décolletées couvertes de bijoux.

Il semble que de ces remarques nous puissions tirer une conclusion générale. La vertu de la « catharsis », c'est de répondre à ceux de nos désirs qui ne peuvent être satisfaits dans notre vie ordinaire. Nous sommes comme une harpe à mille cordes, et la monotone musique quotidienne n'en utilise que quelques-unes,

* *Une version légèrement différente de ces considérations sur la « catharsis » se trouve dans la préface de la pièce LES MARCHANDS DE GLOIRE, Presses Pocket, 1979, p. 31 et suivantes.*

toujours les mêmes; mais il en est d'autres, et peut-être des plus fortement tendues, qui se taisent dans l'ombre de la morale, des lois, de l'éducation. C'est celles-là que l'Art Dramatique fait vibrer sans péril, pour compléter notre symphonie.

Cet art est donc le complément de la vie : c'est la condamnation du théâtre dit : « réaliste », et de l'insupportable « tranche de vie ». Les personnes qui aiment les « tranches de vie » n'ont qu'à se mettre à la fenêtre, ou à coller l'oreille à la cloison qui les sépare du voisin.

Pour que la catharsis agisse pleinement, c'est-à-dire pour que l'œuvre dramatique soit réussie, il faut nécessairement que je m'associe – pendant deux heures – à un ou à plusieurs personnages de l'action, que je partage la joie de leur victoire, ou le chagrin de leur défaite : ceci, pour la tragédie.

Pour la comédie, il est indispensable que les personnages soient assez vraisemblables et assez humains pour que j'aie plaisir à me sentir supérieur à eux.

A la lumière de ces idées, il est peut-être possible de comprendre les causes des échecs répétés du théâtre de Becque.

***

Nous allons donc chercher au théâtre ce que la vie ne nous donne pas; sous la révolution, pendant les massacres et les guillotinades, on jouait des opérettes et des farces, tandis que l'heureux peuple d'Athènes adorait la tragédie, comme le public de la cour de Louis XIV, composé de seigneurs milliardaires, qui n'avaient d'autres soucis que des questions de faveur ou de préséances, participait volontiers aux tragédies de Corneille ou de Racine, pendant que le peuple allait applaudir les farceurs.

J'ai composé un jour un film tiré de *Regain*, le très beau roman de Jean Giono. Il eût un très grand succès dans les villes; mais les gens de la campagne, sachant qu'ils y retrouveraient la charrue, le marché d'Aubagne, et le grain de blé, sont tout simplement restés chez eux.

LES PHYSICIENS

Qu'ils se vantent d'être des sorciers, soit. Mais qu'ils ne se prennent pas pour des Dieux. Leur crainte de faire sauter la terre n'est que l'aveu d'une vanité ridicule, et elle prouve que l'on peut être, en même temps qu'un très grand physicien, un prétentieux.

Il est absolument certain que l'homme n'a jamais rien inventé. Il a fort habilement découvert, c'est-à-dire compris et expliqué (et utilisé) une très faible partie des forces qui existent dans la nature. Mais chaque fois qu'il trouve, il croit qu'il a créé. Et l'on dit : « Quelle sera l'action de cette force nouvelle ? » Mais, cher ami, elle n'est nouvelle que pour nous. Tout a eu lieu, sur cette terre, et la nouvelle bombe H n'est sans doute qu'une imitation humaine des phénomènes volcaniques, qui cent mille fois plus puissants, n'ont pas encore fait éclater le globe terrestre.

Certes, j'admire ces bipèdes, qui grâce à leur pouce opposable, et à leurs trois livres de matière grise, ont réussi à mettre au point un très petit volcan transportable, et qui obéit à leur commandement. Mais il faut faire un bien grand saut pour passer du plan des hommes à celui de la création, et il faut être un bien grand sot pour n'en pas mesurer l'incommensurable hauteur.

INVENTIONS

Le moine Schwartz, qui inventa la poudre, cherchait sans doute un remède contre le rhume de cerveau au moment où son mortier lui lança une flamme au nez.

Le professeur Nicolle, lorsqu'il eût tout à coup l'idée que le typhus était couvé et transporté par les poux, ne fit pas acte de savant, mais d'inventeur : il est remarquable que cette idée ne soit pas venue aux garçons de bains chargés de la toilette des entrants.

Le professeur Fleming, génial inventeur des antibiotiques, doit sa prodigieuse découverte à un accident de laboratoire. Jenner, qui inventa la vaccination, en trouva l'idée dans la fréquentation des vachères.

Lorsque Fleming trouva ses microbes morts, il en tira la conclusion que le penicillium notatum pouvait peut-être tuer les microbes sans tuer les malades. Un autre savant aurait pu en tirer une autre conclusion, par exemple qu'il était indispensable de renvoyer le garçon de laboratoire.

LA PRÉVENTION ROUTIÈRE

Si la prévention routière n'existait pas, la circulation automobile serait beaucoup plus facile : on pourrait espérer, les jours de semaine, la disparition de 1 pour cent des automobilistes, 3 % le Samedi, 5 % le Dimanche, avec une pointe de 7 à 8 % pour les fêtes de Pâques.

Cette autodestruction ne supprimerait pas tout à fait l'espèce à quatre roues, dont le nombre se stabiliserait – par une sélection naturelle – autour de 25 % de ce qu'il est aujourd'hui. Ainsi, les survivants pourraient aller en voiture à leur travail, au lieu de prendre le métro. Mais la Prévention Routière existe et s'obstine à sauver la vie des chauffeurs qui ne lui en savent aucun gré...

Je lui en ai quelque reconnaissance, et je veux essayer de l'aider dans sa tâche, en lui soumettant ici le fruit de mes réflexions.

Un jour, mon ami Joseph Coder, le maréchal ferrant d'Aubagne, qui fonda les usines de Saint-Marcel où il ferrait les bandages d'acier des roues de wagon, eut un accident d'automobile, d'où il se releva sur une jambe, car son second fémur s'était douloureusement fragmenté.

En regardant son plâtre – qui lui donnait l'air d'un champion de ski – il dit amèrement :

« Je marchais à peine à trente à l'heure! »

– Mon cher Joseph, lui dis-je, n'importe quel jeune homme peut courir un cinquante mètres en huit secondes, ce qui correspond à une vitesse de 22 km 500 à l'heure. Que penses-tu qu'il lui arriverait si par inadvertance il rencontrait en pleine course un pylone, électrique ou non ? A mon avis, il se réveillerait à l'hôpital. Et si c'était Arnim Ary, qui court le 100 mètres en dix secondes, c'est-à-dire à 36 km heure, je crois qu'il en resterait à jamais disloqué. Parce que ta voiture peut atteindre 130, tu t'imagines qu'à 30 elle est presque immobile. Ce plâtre prouve le contraire – l'événement t'a appliqué la formule $\frac{1}{2}mv^2$ – elle est impitoyable, car malgré la bienveillance de ce $\frac{1}{2}$, elle s'achève sur V^2.

Voici un petit problème qui devrait figurer dans tous les livres de classe.

Je suis au volant, à 10 mètres derrière un camion de 20 tonnes, qui a douze mètres de long, et qui roule à 72 km heure. Pour le doubler, je devrai me rabattre à 8 mètres devant lui. Étant donné que je puis atteindre la vitesse de 108 km heure, et que ma voiture a 4 mètres de longueur, répondre aux questions suivantes :

1° Combien de secondes me faudra-t-il pour le doubler ?

2° Combien de mètres aurai-je parcouru pendant cette opération ?

Le camion, à 72 à l'heure, roule à 20 mètres seconde.

Ma voiture, à 108 à l'heure, roule à 30 mètres seconde.

Il va me falloir gagner sur le camion :

1° Les 10 mètres qui me séparent de lui.

2° Les 12 mètres de sa longueur.

3° Les 8 mètres avant de me rabattre.

4° Les 4 mètres de ma voiture.

soit en tout, 34 mètres.

Puisque je roule à 10 m. sec. de plus que le camion il me faudra 3 secondes et 4/10.

Pendant ce temps de doublage, j'aurai parcouru : 30 × 3,4 = 102 mètres.

Ajoutons que dans la pratique, ma vitesse ne passera pas immédiatement à 108 lorsque j'aurai pris la décision de doubler. J'estime que l'opération dure au moins 4 secondes, soit sur 120 mètres.

Je prie le lecteur de faire le calcul pour un camion à remorque, ou pour deux cars séparés par un espace de 10 mètres. Je crois qu'il sera épouvanté du résultat.

LE CLOCHARD

A l'autopsie d'un clochard de soixante-cinq ans, on trouve dans ses organes génitaux plusieurs millions de spermatozoïdes, aussi vigoureux que ceux d'un jeune homme. Il porte donc en lui une force vitale de plusieurs millions d'années, mais il n'a pu en détourner une seule semaine pour son usage personnel. Comme un banquier qui pourrait signer un chèque d'un milliard de dollars, et qui meurt d'inanition, parce qu'il n'a pas de quoi acheter un pain.

CARACTÈRES

Il existe des caractères très exigeants. Mon jardinier achète cent francs un billet de Loterie nationale. Il gagne cinq cents francs. Il jette au feu son billet gagnant, et dit « Je n'aime pas qu'on se foute de moi. » C'est une escroquerie.

J'en reviens à mon propos : il y a une race d'hommes qui aiment tellement la vie qu'ils y renoncent par peur de la mort.

Un clochard, qui dort sous les ponts de la Seine, couvert de poux et d'autres vermines, nourri de balayures est convoqué chez un notaire. Il hérite. Et quel héritage! Deux millions de dollars.

Le lendemain, le fisc lui fait savoir qu'il devra payer l'impôt de succession et qu'il ne lui restera plus que cinq cent mille dollars.

Il se suicide.

LE MAÎTRE *

Le maître a l'air méditatif et profond. Quand il est comme ça, c'est qu'il cherche un mot carré, ou qu'il a des crampes d'estomac.

Le maître – Écoutez-moi jeune homme. Malgré tout, il y aurait peut-être quelque chose à faire avec les jeunes, s'il voulaient enfin ouvrir les yeux, voir, comprendre. Oui, peut-être. La littérature est une industrie naissante, qui s'organise à peine. Une industrie qui a été depuis l'origine du monde sabotée par des amateurs... Comprenez-vous ?

L'élève – Pas très bien. Non, je ne vois pas très bien.

Le maître – La situation : des méthodes d'imprimerie, de publicité et de vente sont aujourd'hui parfaitement mises au point. Malheureusement, ces méthodes et ces efforts, nous les dépensons sur des ouvrages conçus selon l'ancienne méthode – sur des rossignols – Maupassant, Flaubert, Francis Jammes, Paul Fort, Estaunié, Proust. Offrir à nos contemporains, des ouvrages comme *Madame Bovary, L'Empreinte* ou les *Ballades Françaises,* c'est exactement comme si l'on offrait des cure-dents à un canard.

* *Fragment d'une pièce de jeunesse.*

ÂME IMMORTELLE

J'admets – avec plaisir – que j'ai une âme immortelle, et que la matière qui compose mon corps est habitée par un esprit d'essence divine, puisque Dieu nous fit à son image.

Mais je constate que cet esprit est grandement troublé par la simple absorption de breuvages par ailleurs délicieux, tels que le champagne, le cognac et le whisky, et qu'un usage immodéré et prolongé de ces boissons me conduirait certainement à l'abrutissement, puis à la folie et peut-être au crime.

Je constate donc, en même temps, que ce moi immortel n'est pas invulnérable, et qu'une certaine dose d'alcool dans le sang qui irrigue mon cerveau peut modifier mon moi provisoirement ou définitivement.

Le maître à l'air méditatif et profond. Quand il est comme ça, c'est qu'il cherche un mot carré, ou qu'il a des crampes d'estomac.

Ecoutez moi, jeune homme. Malgré tout, il y aurait peut être quelque chose à faire avec les jeunes, s'ils voulaient enfin ouvrir les yeux, voir, comprendre. Oui, peut être... ~~Com~~ La littérature est une industrie naissante, qui s'organise à peine... Une industrie qui a été, ~~de tout~~ depuis l'origine du monde, sabotée par des amateurs... Comprenez-vous ?

Pas très bien. Non, je ne vois pas très bien.

La situation : des méthodes d'imprimerie, de publicité et de vente sont aujourd'hui parfaitement mises au point. Malheureusement, ces méthodes et ces efforts, nous les dépensons sur des ouvrages conçus selon l'ancienne méthode — sur des rossignols — Maupassant, Flaubert, Francis Jammes, Paul Fort, Estaunié, Proust — Offrir à nos contemporains des ouvrages comme Madame Bovary, L'Empreinte, ou les Ballades Françaises, c'est exactement comme si l'on offrait des cure-dents à un canard. »

LES PROGRÈS

Un progrès, c'est la reconnaissance d'une erreur.

Les progrès de la science sont immenses, c'est-à-dire que ses erreurs ont été énormes.

Le progrès est continu : c'est la preuve qu'une erreur est remplacée par une autre erreur, qui cédera à son tour la place à une autre erreur.

Notre seul espoir, c'est que les erreurs de nos savants sont peut-être de moins en moins nombreuses, et qu'elle se rapprochent peu à peu de la vérité.

SCIENCES

La science des hommes a existé de tous temps. Elle était enfermée dans les religions, les philosophies, l'astrologie, la magie, les remèdes de bonne femme, le calcul, et les arts. Le grand effort qui a donné naissance aux sciences modernes n'a consisté qu'à séparer les sciences diverses, à mettre de l'ordre dans la maison, afin d'y voir clair. Mais il serait injuste de mépriser la science des anciens, parce qu'ils n'ont pas inventé la linotype ou le rasoir électrique. Les découvertes des anciens sont sans doute plus nombreuses que les nôtres. Mais la plupart sont passées inaperçues, faute de savants pour les mesurer, les expliquer, les mettre au point.

Il ne semble pas que le temps des grands phénomènes soit mesurable par nos pendules, et je crois que les heures sont à la dimension des choses qu'elles concernent.

C'est sans doute le changement qui nous donne l'idée de temps. La vie d'un microbe, si elle parcourt tout son cycle, doit lui paraître aussi longue que nous paraît la nôtre.

Les mathématiques ne sont jamais un point de départ pour une découverte. Elles servent à traduire un phénomène dans la langue de l'esprit des hommes. Elles servent à le mesurer, elles en conservent le souvenir. Mais ne peuvent mesurer qu'une découverte déjà faite.

Il est probable que l'énergie nucléaire a déjà été découverte plusieurs fois, et par hasard, mais qu'elle a chaque fois tué ses inventeurs, qui n'y ont sans doute rien compris.

L'homme civilisé est un animal comme les autres. Mais au service des deux instincts, il dispose de l'intelligence.

Par homme civilisé j'entends simplement l'homo-sapiens, qui commence dans la préhistoire.

C'est un animal qui aime la vie; toutes ses pensées, tous ses actes n'ont jamais eu qu'un seul but : prolonger sa vie, la rendre plus facile et plus agréable, et vaincre la mort par la procréation d'enfants bien portants, et, s'il est possible, plus forts, plus beaux et plus heureux que lui.

Tel a été le but de toutes les civilisations, qui donnèrent naissance à toutes les sciences.

ASTROLOGIE

Mais la Terre, la Terre elle-même ?

C'est aussi un astre, et, pour nous, le plus important de tous, et le plus gros, parce que le plus près de nous, et par conséquent, le plus actif en ce qui nous concerne.

Sans avoir besoin d'aucune extrapolation, il nous est permis de dire que la loi de Newton s'applique très exactement en astrologie : l'influence d'un astre sur un homme est certainement proportionnelle aux produits des masses (la masse de l'homme multipliée par la masse de l'astre) – et inversement proportionnelle au carré de la distance qui les sépare.

Il nous semble donc possible d'affirmer que l'influence de la terre sur l'homme (qui y est collé) est des millions de fois plus grande que celle de Neptune ou de Jupiter.

Le climat n'est pas au ciel : il est sous nos pieds.

Ce qui se passe au-dessus de nos têtes dépend étroitement de ce qui se passe sous nos pieds.

PARADOXE

Toujours, la vie se défend contre les attaques du milieu. La chaleur des régions tropicales n'est pas favorable à la vie humaine : il semble donc que les Africains devraient être blancs comme la neige, pour repousser le rayonnement solaire, tandis que les Esquimaux devraient être d'un beau noir mat pour absorber les trop faibles radiations de la lumière polaire.

NOTES SUR LA CONSTITUTION DE LA MATIÈRE

Ceci, qui n'est pas une démonstration, n'est que l'exposé sommaire d'une théorie nouvelle de la chaleur.

Voici ma proposition.

Le monde n'est composé que de deux éléments : la chaleur, et l'électricité.

Ces deux mots sont bien vagues, et chargés de vieilles idées. Faute d'autres, je veux m'en servir.

La chaleur n'est pas une force : c'est un corps.

La chaleur, c'est le gaz parfait.

Les physiciens l'ont défini sans croire à son existence. Mais il existe. Il a un poids, un volume, une pression.

L'électricité c'est le mouvement, la vitesse, la force.

La base de mon hypothèse est celle-ci :

Il est absolument faux que la chaleur se transforme en travail. La chaleur est un fluide élastique, qui traverse à peu près tous les corps, et qui se loge entre les molécules, ce qui provoque la dilatation du corps chauffé.

Le travail produit est le résultat de cette augmentation de volume. La température d'une chaleur, c'est sa pression.

Il est logique d'admettre que la dilatation est d'autant plus importante que la pression de chaleur est plus grande.

La chaleur ne disparaît jamais. Elle se dilate, et sa pression baisse jusqu'à n'être plus perceptible à nos sens. Mais elle existe toujours.

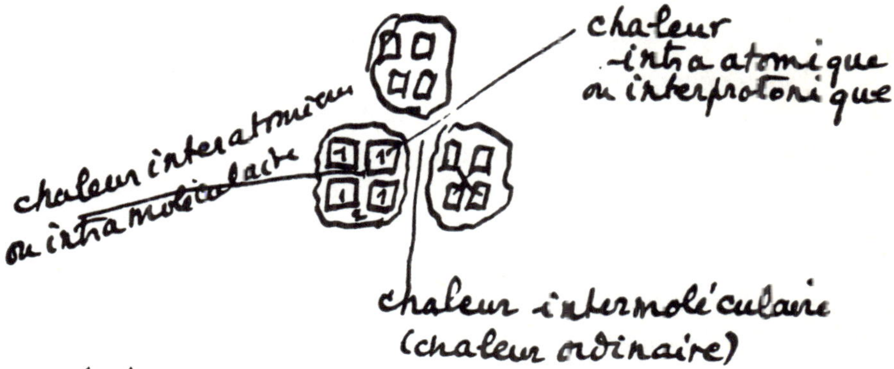

1. Atomes.
2. Molécule.

Quand on comprime un corps, et qu'il s'échauffe, c'est la chaleur intermoléculaire qui sort (pression 1).

Quand on le brûle, c'est la chaleur intramoléculaire qui se dégage (pression 2).

Quand on le désintègre, c'est la chaleur intra-atomique (pression 3).

Un gaz, c'est une dilution de matière dans de la chaleur.

Un liquide, c'est une solution concentrée.

Un solide, c'est de la matière gonflée de chaleur.

S'il n'y avait pas Cx, la loi de Mariotte serait rigoureusement respectée. Mais la présence dans le fluide élastique, d'un corps incompressible de volume X fausse les résultats.

Le volume de Cx est très petit, c'est pourquoi on ne joue pas pour les faibles températures et les faibles pressions.

A mesure que le volume total diminue, le volume de Cx prend de l'importance.

***

Si la chaleur a un poids, elle est plus légère que l'air, puisqu'elle l'allège – autrement dit, le mélange air-chaleur pèse moins que l'air.

La chaleur amollit les corps parce qu'elle les gonfle, qu'elle sépare leurs molécules. La fusion en est la preuve.

La chaleur a un volume.

Elle a pénétré entre les atomes du fer, grâce à sa pression que nous appelons température, et elle a dilaté ce fer.

Lorsque je coupe le courant de la cuisinière électrique, ou lorsque je plonge la barre dans l'eau, la couche *extérieure* du fer chauffé se refroidit brusquement, parce qu'elle perd sa chaleur dans l'eau ou dans l'atmosphère.

En se refroidissant, elle se contracte, et ses atomes, qui ne sont plus séparés par des atomes de chaleur, se rapprochent.

Cette couche extérieure, en se contractant, comprime violemment les couches intérieures du fer, et en chasse la chaleur restante, comme l'eau contenue dans une éponge que l'on presse. Cette chaleur reflue vers les parties froides :

L'atmosphère, l'eau du seau, la casserole d'eau, l'extrémité froide de la barre.

La chaleur a par conséquent un poids. La chaleur est un corps simple.

Quand un corps est absolument vide de chaleur (–273) l'électricité y circule librement, comme si son diamètre était infini.

La chaleur retarde donc la marche de l'électricité.

Quand une réaction chimique dégage de la chaleur, c'est que le corps qui vient d'être formé contient *moins* de chaleur invisible que la somme des chaleurs invisibles des deux corps qui lui ont donné naissance.

Quand une réaction chimique absorbe de la chaleur, c'est que le nouveau corps formé contient *plus* de chaleur invisible que la somme des deux corps qui lui ont donné naissance.

L'AMOUR DE LA VIE

L'amour de la vie est la seule base possible de la civilisation et du progrès.

Malheureusement, l'amour de la vie a fait naître, grâce à l'usage de l'intelligence, la peur de la mort.

Dans tous les pays, chez toutes les races, un certain nombre d'hommes, ayant eu la vision fort claire de leur propre mort, en ont tiré la conclusion que la vie n'avait aucune valeur.

Cette pensée est fortement exprimée par Bossuet (Oraison funèbre d'Henriette d'Angleterre) « Tout ce qui doit finir ne peut être long. » Il n'a pas ajouté – mais je crois qu'il le pensait – « Tout ce qui doit finir ne valait pas de commencer. »

INTELLIGENCE

Il est certain que l'intelligence n'a rien à faire dans une organisation parfaite : elle ne pourrait que la détruire en la perfectionnant.

Nous pensons généralement que l'intelligence est un apanage de l'homme, qu'elle en est l'essence même. Il n'est pas impossible qu'elle ne soit qu'un accident, dû aux circonstances et à la nécessité, comme le pouce énorme des fileuses. Il est remarquable que la bonne chère et le loisir soient les ennemis de l'intelligence, tandis qu'elle s'aiguise par la faim et le froid – je ne dis pas par la famine et le gel. C'est pourquoi la fortune change souvent de mains : elle endort ceux qui en jouissent, devant les pauvres, qui ont les yeux grands ouverts, et qui ont faim.

*

Ce qui rend la science difficile, c'est ce perpétuel devenir de la matière.

*

On ne peut pas juger le millénaire sur le quotidien.

IV

BIOLOGIE
ET
MÉDECINE

Lettre au Docteur Fernand Avierinos

[novembre 1948]

Mon Vieux Fernand,

*Tu sais que je ne suis pas médecin, mais tu ignores que j'aurais voulu l'être; et même, j'aurais voulu être le médecin de campagne, celui qui a cette voiture minable, et qui va soigner, pour des haricots les gens qui les font pousser. Ça ne s'est pas trouvé comme ça. Je te prie de voir, sous cette phrase familière, le noble et cruel visage de l'Ananké *.*

Donc, je ne suis pas médecin, et je t'envoie une longue, longue lettre, qui contient mes réflexions personnelles sur les plus graves questions de la médecine moderne. Ces questions je les trouve graves, parce qu'elles sont restées, jusqu'à aujourd'hui, sans réponse, et que les questions irrépondues sont certainement les plus importantes.

Et puis, si je me mêle de parler de médecine, j'ai une excuse très valable : presque tous les médecins ont fait des pièces de théâtre. Leurs pièces ne sont pas toujours bonnes, mais elles ne sont jamais ridicules; les essais médicaux d'un auteur dramatique seront peut-être aussi intéressants que les tentatives théâtrales d'un médecin.

Là-dessus je t'embrasse et je commence.

* *Le Destin – N.d.E.*

LA FONCTION RESPIRATOIRE

La vie est une combustion. C'est là un fait d'expérience et qui n'est plus à démontrer. Un mammifère est une machine très compliquée, qui absorbe la nourriture d'une part, de l'oxygène d'autre part. Cette machine rejette du gaz carbonique; elle fonctionne entre 35 et 40 degrés et elle produit un certain travail mécanique. C'est donc, très évidemment, une machine thermique.

Toute combustion exige la mise en présence de deux éléments : le combustible et le comburant.

Le comburant, nous le connaissons, c'est l'oxygène.

Le combustible, c'est du carbone, ou des composés à base de carbone et d'hydrogène.

La durée d'une combustion dépend évidemment de deux facteurs :

1° La quantité totale de comburant et de combustible, qui doivent être dans un rapport exact.

2° La vitesse de la combustion, c'est-à-dire son intensité. Cette vitesse dépend de la pression du comburant, de la qualité du combustible et des dimensions de leurs surfaces de contact.

Lorsque nous regardons un mammifère, nous savons donc parfaitement qu'il brûle, mais il nous est difficile de l'imaginer.

Si, toutefois, nous parvenons à nous représenter grossièrement cette combustion, une question se pose tout à coup :

Pourquoi ce veau ne brûle-t-il pas tout entier en quelques heures? Pourquoi sa température est-elle à peu près constante?

Nous savons qu'il est assez difficile de régler la vitesse d'une combustion : l'entretien du foyer d'une locomotive est un travail très délicat, qui exige du chauffeur beaucoup d'attention et une assez longue expérience; il s'agit pourtant d'une machine extrêmement simple si on la compare au veau qui la regarde passer. Ce veau fonctione pourtant sans chauffeur. Et chez l'homme lui-même, qui pourrait surveiller et régler sa propre combustion, l'intelligence n'a aucune part, ni dans la fonction respiratoire, ni dans la fonction de nutrition.

Nous n'avons que deux solutions possibles : ou bien la machine animale est réglée une fois pour toutes, ou bien elle est munie d'un dispositif mécanique, ou chimique, qui règle automatiquement la combustion de la vie.

Supposons que la machine ait été réglée une fois pour toutes, dès la naissance de l'individu.

Nous ne décrirons pas ici le mécanisme de la respiration parfaitement connu du lecteur; nous allons faire seulement des calculs élémentaires et mettre en lumière chacun des facteurs qui ont un effet sur le résultat de l'acte respiratoire, qui est l'absorption de l'oxygène de l'air.

Calculs élémentaires sur l'assimilation d'oxygène

Voici, sur le Vieux Port de Marseille, Maître Panisse qui regarde partir un trois-mâts. Il habite sur le quai de Riveneuve; il s'y promène dans la journée. Il y dort la nuit, la fenêtre ouverte. Il

Aux maîtres et aux élèves de l'Université
de Minnesota".
"La première qualité d'un héros,
c'est d'être mort et enterré".
Marcel Pagnol

1. 1928.

2. Avec Jacqueline, 1946.

3. Avec Jacqueline, au Moulin de la Sarthe, 1946.

4. Avec Jacqueline et Frédéric, 1948.

5. Frédéric, Jacqueline, Marcel, pendant le tournage de *Lettres de mon moulin,* 1954.

6. *Lettres de mon Moulin.* La Treille, 1954.

7. Au Domaine, La Gaude, septembre 1961.

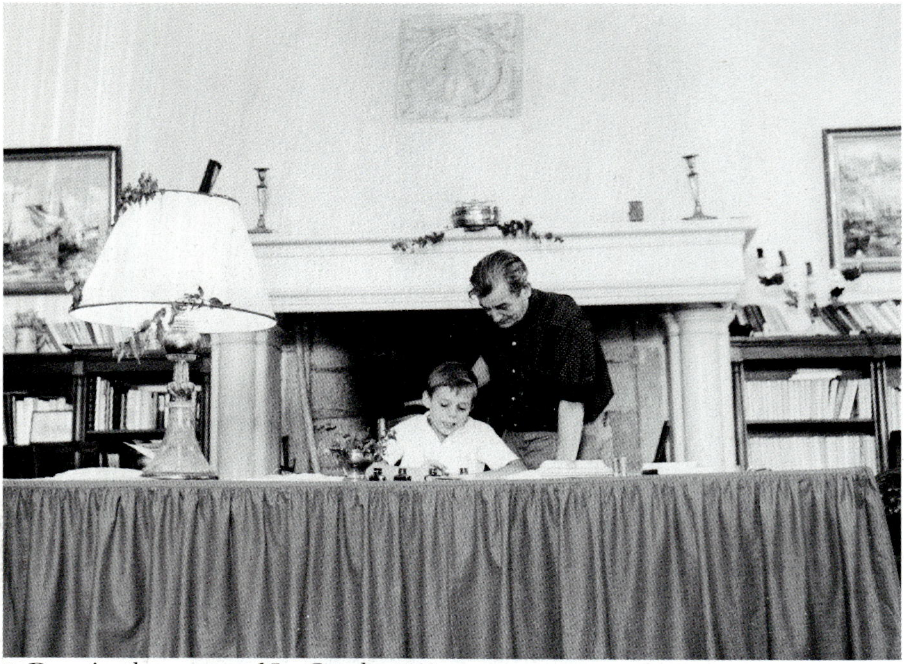

8. Devoirs de vacances, La Gaude, 1958.

9. Avec le Maire d'Aubagne, 1973.

10. L'abbé sourcier, La Treille, 1954.

11. Bricolage avec Frédéric, dans un des nombreux ateliers, à La Gaude, 1958.

12. A la recherche de l'eau, avec Jacqueline, La Treille, 1954.

13. La Gaude, 1961.

14. Paris, février 1963.

15. Charles Trenet, à l'Auditorium Studios, Marseille, 1941.

16. Michel Simon, Jacqueline, Marcel, à La Gaude, 1951.

17. Orson Welles, Carol Reed (au fond), pendant le tournage de *La Belle Meunière,* La Colle sur Loup, 1948.

18. Marcel Pagnol, La Princesse Grace, Vittorio de Sica, au Festival de la Télévision, Monaco, 1965.

19. Avec le Prince Rainier, lors de la projection de *Topaze,* 1950.

20. Gina Lollobrigida, lors d'un Gala, 1956.

21. Marcel, Jacqueline, Bourvil, sa femme, à la Villa de Monaco, 1951.

22. A Deauville, avec Paul Olivier, journaliste et imprésario de Raimu, 1955.

23. Le Prix Littéraire Pierre de Monaco, avec Joseph Kessel, 1960.

24. Otto Preminger, à Paris, 1965.

25. La Maison de La Gaude, 1963.

26. A La Gaude, avec la Jeep, 1963.

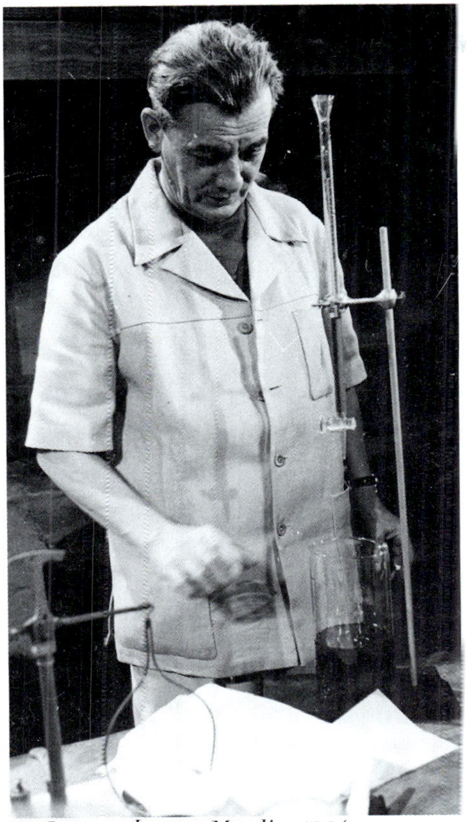

27. *Lettres de mon Moulin,* 1954.

28. Toujours à la recherche de l'eau, sur la sonde du Domaine, 1962.

29. Abbés sourciers, à la Treille, 1954.

30. Parlant avec Fanfan, le mainate, 1970.

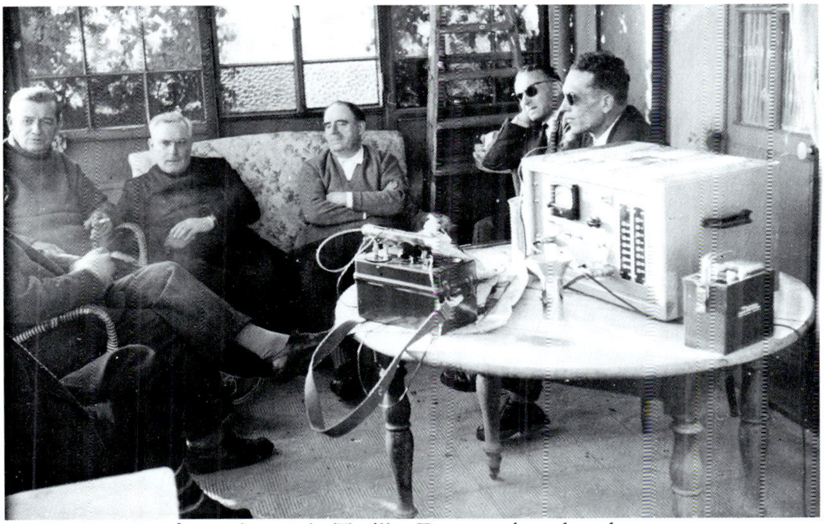

31. Recherche d'uranium à la Treille. En premier plan, le personnage principal : le compteur Geiger, 1956.

32. Conversation avec Marcel Achard, son ami. Paris, 1970.

33. Marcel, Frédéric, Jacqueline, Jean Giono et son astrolabe, 1954.

34. *Lettres de mon Moulin,* avec Jean Giono (au fond), 1954.

35. Après le "cataclysme", la trombe qui a arraché les arbres, à La Gaude, 1963.

36. L'olivier bimillénaire, La Gaude, 1963.

37. A la chasse, avec Fernand Raynaud, 1958.

38. Les copains : Folgoas, Marcel, Tchernia, Dr Avéirinos, 1973.

39. Contemplant la vallée, avec Frédéric. *Lettres de mon Moulin*, 1954.

40. Avec René, son frère, à Paris, 1965.

41. Louis Leprince-Ringuet.

42. Bricolage, 1963.

43. Pasteur Vallery-Radot, médecin et petit-fils de Louis Pasteur, 1965.

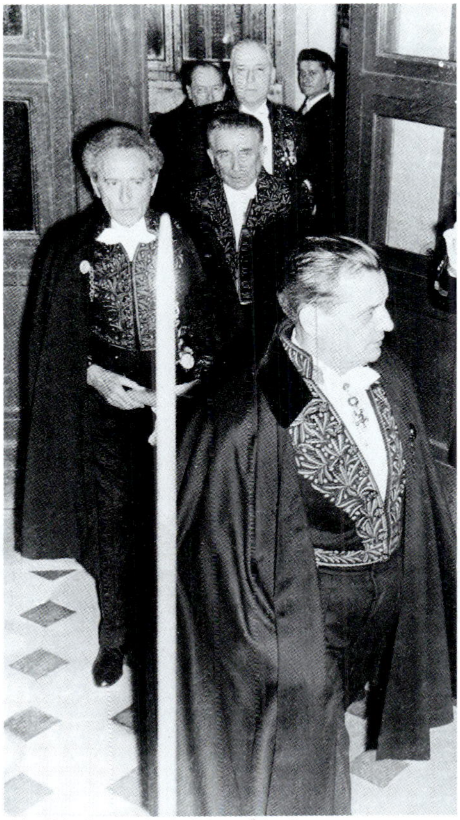

44. Cérémonie à l'Académie : Marcel Pagnol, Jean Cocteau, Pierre Benoît, Jean de Lacretelle.

45. Au Domaine, 1958.

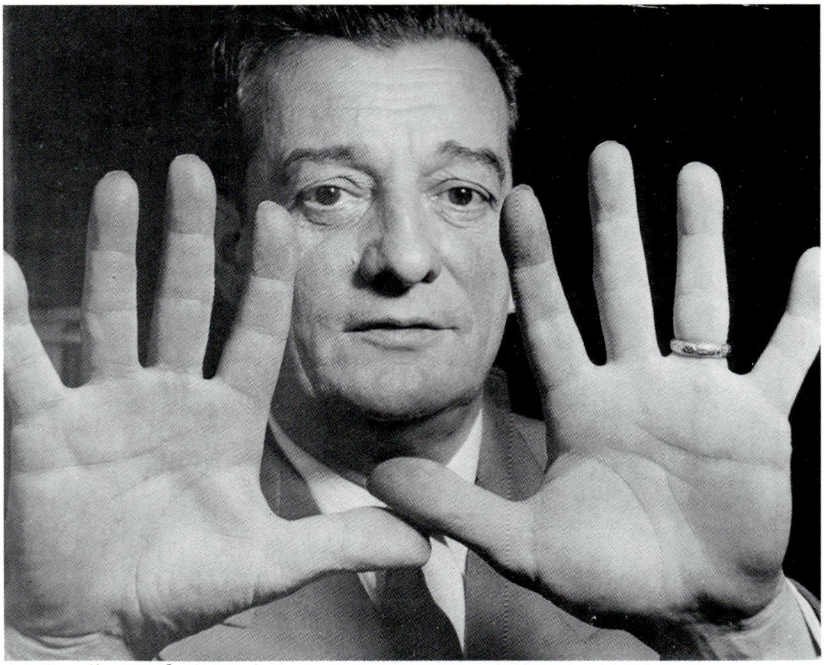

46. Les lignes de la main, 1950.

47. Chasse présidentielle, avec Vincent Auriol et Émile Henriot, 1953.

48. Festival de Cannes, 1957.

49.

50. 1954.

51. Saint-Tropez, 1973.

53. A Paris, 1973.

52. Sur le Pont des Arts, 1960.

54. A sa table de travail, 1974.

y respire donc, sans s'en apercevoir (il a bien d'autres choses à faire!) – pendant 24 heures chaque jour.

Il respire quoi ? Il assimile quoi ?

Faisons de très simples calculs, en nous fiant absolument aux chiffres que nous donnent les savants :

1° Sur le Vieux Port, altitude 0, l'air pèse 1 gr. 300 au litre. (Les savants disent 1,294. Je dis 1,300 pour simplifier nos calculs).

2° Maître Panisse, qui est un homme parfaitement normal, possède un appareil pulmonaire qui peut contenir 4 litres 1/2 d'air. Mais, à chaque temps du rythme respiratoire, il ne rejette que 1/2 litre, qu'il remplace aussitôt par 1/2 litre d'air frais. Comme il est normal, à tous les points de vue, il respire quinze fois par minute, c'est-à-dire 900 fois par heure, c'est-à-dire 900 × 24 = 21.600 fois par jour. Puisqu'il s'offre 1/2 litre d'air à chaque inspiration, il aura donc, toutes les 24 heures, fait passer par ses poumons :

21.600 × 0.50 = 10.800 litres d'air.

3° 10.800 litres, à 1 gr. 300 par litre, pèsent :

10.800 × 1 gr. 300 – 14 kgs 040.

Comme l'air inspiré contient environ 23 % de son poids d'oxygène, la quantité d'oxygène inspiré sera égale à :

$$\frac{14 \text{ kgs } 040 \times 23}{100} = 3 \text{ kgs } 220 \text{ gr.}$$

Combien en a-t-il assimilé ?

Nous verrons tout à l'heure que cette assimilation vitale dépend d'un grand nombre d'autres facteurs, de natures différentes. Pour le moment, acceptons le chiffre que nous donnent les savants. Ils l'ont eux-mêmes accepté après des expériences minutieuses et des mesures très précises. Ils disent que le Maître Panisse a certainement absorbé 4 % de l'oxygène inspiré.

Il a donc assimilé dans sa journée 128 gr. d'oxygène pur. Il pèse 80 kgs depuis 20 ans, et tout va bien. C'est vrai qu'il a brûlé, pour sa journée, X grammes de carbone. Mais il va manger tout à l'heure 200 grammes de bon pain blanc, pour accompagner (en sourdine) quatre petits rougets en papillottes, deux grives emmaillotées de lard, contrechantées par une salade un peu fière, mais attendrie par l'huile d'olive que son cousin lui envoie de Garlaban. C'est-à-dire que Maître Panisse complète chaque jour sa provision de combustible. Il brûle tout ce qu'il mange et il mange autant qu'il a brûlé. C'est pour ça qu'il a cette bonne tête souriante, qu'il ne grossit pas, qu'il ne maigrit pas; il vit très simplement, et sans compter les calories, parce qu'il est en bonne santé.

Mais il a une jeune femme. Elle veut aller naturellement aux sports d'hiver, à 1.500 mètres d'altitude.

Il a cinquante ans, il l'aime beaucoup. « Allons-y, faisons plaisir à la petite. Quand on a de l'argent, c'est pour être heureux. Et puis, la montagne, c'est le bon air, c'est l'air plus riche, plus pur, etc... »

En arrivant à l'hôtel des skieurs, Maître Panisse est essoufflé. Il pense que c'est le voyage et puis l'escalier de l'hôtel, et puis surtout, parce que « l'air est trop fort pour lui ». Il se trompe du tout au tout, et nous allons le lui prouver.

L'air ne pèse plus, comme à Marseille, 1 kg 300. Il pèse à peine 0,900 grammes.

Comme il est venu en voiture – c'est-à-dire en deux heures – au Mont Ventoux, il a conservé son rythme respiratoire de Marseille. Il va donc, dans sa journée, remplir le cycle suivant :

1° 0 l.50 d'air par inspiration.

2° 15 inspirations par minute, soit 21.600 par jour.

3° soit, en 24 heures, 10.800 litres d'air.

Mais ces 10.800 litres ne pèsent plus 14 kgs 040. A 1.500 mètres d'altitude, ils ne pèsent que 9 kgs 720.

Ils ne contiennent plus 3 kgs 220 d'oxygène.

Ils ne contiennent que 2 kgs 235 du gaz vital.

S'il continue à n'assimiler que 4 % de l'oxygène qui entre dans ses bronches, il n'assimilera plus comme à Marseille, 128 gr. 80 par jour. Il n'assimilera que 89 gr. 40, c'est-à-dire qu'il lui manquera 39 gr. par jour. C'est énorme, parce qu'avec 39 gr. 40 d'oxygène, on peut brûler X grammes de carbone.

J'ai dit « c'est énorme ». Il faut dire « ce serait déjà énorme », parce qu'en réalité, son déficit en oxygène est encore beaucoup plus considérable, à cause de la chute de la pression atmosphérique, c'est-à-dire à cause de la *chute de pression* de l'oxygène qu'il inspire.

Importance de la chute de pression

Il est très évident que lorsqu'un liquide ou un gaz doivent traverser une membrane, la vitesse de la traversée dépendra étroitement de la pression exercée sur ce liquide ou sur ce gaz.

Or, à Marseille, Maître Panisse vivait sous une pression de 760 m/m de mercure, c'est-à-dire sous une pression d'oxygène égale à 1/5 d'atmosphère.

A Sestrières, la pression n'est plus que de X m/m, c'est-à-dire environ 1/6 d'atmosphère.

A Sestrières, nous venons de voir que si la pression d'oxygène était de 200 grammes, il pourrait assimiler 89 grammes du précieux gaz.

Sous une pression réduite par l'altitude à 166 grammes, il n'assimilera plus que :

$$\frac{89 \times 166}{200} = 73 \text{ gr. } 80.$$

Sa ration de Marseille, 128 gr. est donc réduite de 55 gr., presque de la moitié.

Voilà pourquoi Maître Panisse, sur la terrasse de l'hôtel, essuie son front trempé de sueur. Voilà pourquoi son œil est arrondi d'angoisse, voilà pourquoi il respire si vite le nez palpitant et la bouche ouverte comme une bogue décrochée de l'hameçon. Il cherche les 55 gr. d'oxygène qui lui manquent, il essaie de téter le vent, et il pense : « Je dois avoir une maladie de cœur ».

A mon avis, il va mourir.

Laissons-le à ses angoisses; nous reviendrons dans deux ou trois jours pour assister à ses funérailles.

A moins que... A moins d'un miracle.

Voici une autre expérience.

Sur les hauts plateaux du Tibet, emparons-nous d'un jeune montagnard. Il n'est pas très grand, mais sa cage thoracique est énorme. Pourquoi ? Parce qu'il est montagnard, qu'il est né et qu'il a vécu à 4.000 mètres d'altitude et que l'air de son village natal ne pèse que 0 gr. 70 au litre. Comme il a besoin – autant que Maître Panisse – de ses 128 grammes d'oxygène par jour, il s'est fait une vaste soufflerie. (Ainsi la vache, qui ne mange que de l'herbe, c'est-à-dire une nourriture peu concentrée, s'est fait plusieurs estomacs de grandes dimensions. Lorsque nous pourrons la nourrir avec des pilules de fourrage distillé, la vache aura un estomac pas plus grand que mon encrier.)

Notre jeune montagnard a donc une capacité pulmonaire de six litres. A chaque temps respiratoire, il renouvelle, dans ses vastes poumons, 3/4 de litre d'air.

De plus, il ne respire pas 15 fois par minute, comme Maître Panisse. Toujours à cause de la rareté de l'air des montagnes, il respire 17 fois.

Maître Panisse faisait passer par ses bronches 10.800 litres d'air par 24 heures.

Le jeune montagnard, adapté à son milieu natal, en fait passer plus de 20.000 litres, qui, à 0 gr. 70, pèsent à peu près 14 kgs, comme les 10.800 litres de Maître Panisse.

Il assimile 4 % comme Maître Panisse, et pour confirmer les expériences de nos maîtres.

Il assimile donc, chaque jour, ses 128 grammes d'oxygène et il se porte fort bien.

Plongeons ce jeune athlète dans une mine, à mille mètres au-dessous du niveau de la mer.

L'air y pèse 1 gramme 400.

Les 20.000 litres d'air qu'il inspire chaque jour ne pèseront plus 14 kilogs, mais 28 kilogs.

Ils ne contiendront plus 3 kgs 220 d'oxygène, mais 6 kgs 440.

De plus, la pression atmosphérique s'est considérablement aggravée.

A 1.000 mètres sous terre, elle est de X.

La vitesse d'absorption de l'oxygène est donc considérablement augmentée.

Sous 760 m/m, il aurait absorbé, comme tout le monde, 4 %, soit 257 grammes.

Sous X millimètres de mercure, il assimilera plus de 380 grammes d'oxygène.

Ce jeune homme, dans l'étrange situation où je viens de le mettre (dans le seul intérêt de la science) consomme trois fois plus d'oxygène qu'il ne lui en faut.

Comment va-t-il réagir ?

Certains troubles sont faciles à prévoir :

1° Afin de remplacer les graisses trop vite brûlées, il aura pendant quelque temps un appétit dévorant.

2° Sa combustion intense va faire augmenter sa température, qui sera continuellement supérieure à 38°.

3° Malgré son appétit réparateur, son système digestif ne fournira pas assez de combustible à ce foyer, et il va maigrir rapidement.

4° Ses poumons vont être peu à peu attaqués par la trop grande absorption d'oxygène. De longues brûlures vont strier les points affaiblis de la muqueuse. Cette muqueuse, pour se défendre, va sécréter des mucus et des glaires. Le jeune homme va tousser et cracher.

Il prépare certainement une grave maladie : je n'ose pas encore la nommer.

Retournons à Maître Panisse, qui dort peut-être son dernier sommeil dans le caveau de sa famille.

Eh bien ! Maître Panisse prend des leçons de ski. Il n'est plus essoufflé, et il mange comme un chanoine. Il a même grossi et il attribue ce « forcissement » à la « richesse » de l'air des montagnes, parce qu'il ne sait pas que l'air des montagnes est le plus pauvre qui soit au monde. Enfin, quelle qu'en soit la raison, il se porte le mieux du monde.

Nous sommes forcés de conclure qu'il a trouvé, sans le faire exprès, un moyen d'assimiler, chaque jour, ses 128 grammes d'oxygène.

Allons aux nouvelles du montagnard. S'il a continué de brûler aussi vite, nous ne retrouverons, dans l'obscurité de la mine, qu'un squelette phosphorescent.

Une agréable surprise nous attend.

Le jeune homme a maintenant fort bonne mine. Son cycle respiratoire semble normal. Comme il s'ennuyait, il s'est fait mineur et travaille avec entrain.

Il a peut-être un peu maigri, mais depuis quelques jours, il reprend du poids. Il s'est adapté au nouveau milieu.

Maître Panisse, sur la haute montagne, a réussi à extraire de l'air ses 128 grammes d'oxygène quotidiens. Le montagnard, au fond de la mine, a réussi à n'assimiler que 128 grammes.

Il est donc évident qu'ils possèdent tous deux un régulateur automatique, une sorte de mécanique qui surveille la ration d'oxygène assimilé et la maintient constante. Ainsi, le thermostat des couveuses empêche la température de monter ou de descendre.

Ce mécanisme, fort mystérieux, est une sorte d'oxygénostat.

Avant de chercher où il se trouve et d'étudier son fonctionnement, achevons de prouver son existence – non plus sur les hautes montagnes ou au fond des mines – mais dans la vie quotidienne.

Voici un homme normal. Il a trente ans, de larges épaules, un appétit qui fait plaisir à voir. Il n'a aucune tare, il vit joyeusement, en parfaite santé; moralement et physiquement, c'est un homme qui est assis au centre même de l'équilibre de la vie.

Il habite Paris depuis dix ans. Ce soir, à 10 heures 40, il vient se coucher; il est dans son lit, dans sa chambre.

Son périmètre thoracique, depuis douze ans, est de 1 m. 02.

Autour de lui, la pression atmosphérique est de 760, comme tous les soirs.

Dans sa chambre, il y a de l'oxygène, mais ni plus ni moins que tous les soirs, et la pression de ce gaz vital est tout à fait normale.

Cet homme s'endort, comme d'ordinaire.

A onze heures du soir, il se réveille brusquement. Il a mal à la tête, son cœur bat trop vite, il respire trop vite, il a les pommettes rouges. Il passe la main sur son front, qui est sec et brûlant.

Sans lui demander son avis, plongeons le bulbe d'un thermomètre médical dans le derrière de cet individu. La colonne de mercure s'allonge et ne s'arrête qu'en face de 39.8.

Nous dirons, avec une certaine fierté, que cet homme « a la fièvre ».

Pourquoi a-t-il « la fièvre » ?

Pour le moment, nous n'en savons rien. Il a peut-être un accès de paludisme, ou une pneumonie qui débute, ou une phtisie galopante qui s'installe, ou une obstruction intestinale, ou l'une quelconque des cent mille misères que nous appelons « maladies » et qui peuvent détruire un individu.

Un examen plus général nous permettra peut-être de préciser la cause de cette fièvre. Notons seulement, et à l'encre rouge, et en majuscules, que LA FIÈVRE est seulement le signe d'une maladie quelconque, mais que, quelle que soit la maladie, c'est toujours, tout simplement et tout bêtement la fièvre, c'est-à-dire une élévation de la température normale de l'individu.

Et d'ailleurs, nous ne chercherons pas aujourd'hui *pourquoi* cet individu a la fièvre, mais *comment* il l'a.

La fièvre peut aller jusqu'à 42°. Elle irait peut-être beaucoup plus haut, si l'organisme pouvait supporter une température intérieure de 50 à 60°. En fait, à 42°, le malade, en général, trépasse.

Dire que la température s'est élevée, cela signifie tout simplement que la combustion de la vie s'est accélérée.

L'être brûle plus vite.

L'odeur de son haleine nous le prouve. Cette haleine est chargée de fumées plus âcres et plus épaisses, comme celles d'une incendie. On parle souvent de l'air étouffant d'une chambre de malade, qu'il faut aérer constamment.

Il est donc évident que ce fiévreux a fortement augmenté son assimilation d'oxygène, puisqu'il brûle plus vite.

Comment cette augmentation est-elle possible ?

Des différents facteurs qui constituent la fonction respiratoire, aucun n'a varié, sauf le rythme respiratoire.

En effet :

1° La capacité pulmonaire du malade n'a pu changer aussi brusquement.

2° Ni la densité de l'air qu'il respire, ni sa richesse en oxygène n'ont pu changer.

3° La pression extérieure n'a pas changé.

Seuls deux facteurs ont changé sous nos yeux.

1° Le rythme respiratoire : le malade respire de 25 à 30 fois par minute.

2° Le cœur bat à 120, c'est-à-dire que la vitesse de la circulation est très considérablement accélérée.

Ces deux changements concourent au même but :

La quantité d'oxygène charriée par le sang vers les graisses combustibles est plus grande, parce que les globules, ces petits commissionnaires, font l'aller et retour en courant.

Ces deux facteurs suffisent-ils pour justifier l'augmentation de température de 37 à 40° ?

Certainement non.

Il ne suffit pas de respirer plus fréquemment pour faire passer, dans le sang, plus d'oxygène.

Il est certain que le mystérieux régulateur a fonctionné dans le sens d'un accélérateur.

Voici un autre exemple, qui va nous montrer une fois de plus l'accélérateur en action.

Gley, dans sa physiologie, cite une expérience capitale, celle de L. Frédéricq lui-même :

« Soit un homme à jeun qui, à une température de + 15 à + 20, consomme 4 litres 15 d'oxygène en quinze minutes.

« Exposé nu à une température de + 10°, il en consomme dans le même temps 6 litres. Des observations semblables ont été faites sur divers animaux : chiens, lapins, cobayes, etc... »

Ces chiffres donnés par Frédéricq et confirmés par Gley, sont d'une évidence aveuglante.

Chez le sujet observé, il est certain qu'aucun des facteurs respiratoires n'a été modifié.

La surface pulmonaire, le rythme respiratoire, le poids de l'air inspiré, la pression de cet air, la vitesse de la circulation, la combustibilité des graisses, tout est resté semblable à soi-même. Pourtant, le sujet vient, en 15 minutes, d'assimiler 1 litre 500 d'oxygène de plus; l'organisme vient d'appuyer sur l'accélérateur, parce qu'il fallait activer l'oxygénation, c'est-à-dire la combustion, pour maintenir le corps à la température de la vie.

Le jeune soldat, que nous fûmes, dort dans sa chambre, avec cinquante camarades. La fenêtre est bien fermée; depuis cinq ou six heures, ils absorbent l'oxygène de cette longue pièce au plafond bas; il le remplace par du CO_2 et par divers gaz, qui ont traversé leur peau, ou qui sont sortis par leurs orifices naturels, parfois avec une explosion.

Le jeune soldat, dans son lit, est très heureux. Il a chaud, il se repose, il respire, et sans effort.

Mais hier au soir, il a bu du vin mousseux, et son ventre le réveille à 4 heures du matin.

Il se lève en hâte, il sort de la chambrée. L'air froid le frappe au visage, il hésite deux secondes. Depuis des heures, il respirait un air de plus en plus pauvre et de plus en plus léger, à cause de la chaleur. Le régulateur, progressivement, avait accéléré l'assimilation, afin que sa ration d'oxygène *restât constante*.

Devant l'air pur et frais, le régulateur vient de lâcher l'accélérateur.

Après les deux ou trois secondes de léger malaise, le jeune soldat s'élance et descend au galop vers ces chiottes de caserne que j'ai si souvent nettoyées. Il y reste dix minutes, il en sort rasséréné. Il reboucle sa ceinture, il traverse la cour en regardant le ciel, qui est plein d'étoiles. Après tout, il ne fait pas si froid que ça. Il remonte l'escalier en sifflotant. Tout va très bien, il respire parfaitement.

Le voici revenu sur la porte de la chambrée. Il l'ouvre, il veut entrer. Quelle odeur! Quelle suffocation! Il s'asphyxie littéralement. Il se demande comment il a pu supporter cette atmosphère. Il se demande pourquoi ces gens qui dorment ne sont pas morts.

Son hésitation dure trois ou quatre secondes. L'odeur semble s'atténuer, tout à coup, il respire mieux. Il regagne son lit. Il se rendort.

Ce n'était pas l'odeur qui l'empêchait d'entrer. C'était l'asphyxie.

Aux prises avec cette atmosphère, il vient de repousser à fond l'accélérateur, afin de s'adapter au milieu.

Tous ces exemples prouvent l'existence d'un régulateur. Ils prouvent aussi que le taux de 4 %, fixé par les savants, ne peut être considéré que comme une moyenne, et que ce taux varie dans des limites qui sont très étendues.

Il est certain que chaque fois que nous changeons de milieu, lorsque nous sortons ou nous entrons dans une chambre, lorsque nous gravissons une colline, lorsque la température change, bien des facteurs du cycle respiratoire sont modifiés dans un sens ou dans l'autre.

Il est également certain que notre ration d'oxygène assimilé doit demeurer à peu près constante.

Le régulateur est donc sans cesse en action, et il fait varier constamment le taux d'assimilation, comme l'iris de l'œil se dilate ou se contracte selon l'éclairage, afin de maintenir à peu près constante la quantité de lumière qui vient frapper notre rétine.

Mais ce n'est pas là le seul rôle du régulateur. Nous allons prouver qu'il est aussi un accélérateur ou un ralentisseur, c'est-à-dire qu'il augmente ou qu'il diminue la ration d'oxygène selon les besoins du moment.

Nous venons de citer l'expérience de Frédéricq, dans laquelle la ration d'oxygène est augmentée pour faire face à une déperdition anormale de calories.

Nous avons vu le cas du fiévreux, qui augmente brusquement sa ration d'oxygène, pour répondre à l'attaque d'une maladie par l'accroissement de son énergie vitale. (J'emploie ce terme faute de mieux.)

Ce « coup d'accélérateur », nous l'empruntons à l'expérience des sportifs, qui ont précisément à fournir d'un seul coup des efforts énormes.

Pendant le tour de France cycliste, on voit le matin, au lever du jour, une longue file de coureurs qui pédalent assez mollement; ils ne dépassent pas 25 à l'heure. Un technicien du sport cycliste vous dira : « Ils ne sont pas encore *chauds* » ou encore « Les muscles ne sont pas encore échauffés ». Ce n'est qu'après une bonne demi-heure que les coureurs « trouvent leur cadence » et s'envolent à 35 à l'heure, c'est-à-dire à une vitesse de 10 mètres seconde.

De même un combat de boxe commence toujours par un ou deux rounds au ralenti, que les techniciens appellent rounds « d'observation ». Il est certain que les deux combattants ne veulent pas livrer leur jeu du premier coup, et qu'ils n'essaient pas tout de suite les attaques décisives. Il est tout aussi certain qu'ils ne sont pas encore en état de les pousser à fond, ils ne sont pas encore « en train ».

Au second ou au troisième round, la bataille s'accélère, parce que les boxeurs se sont échauffés, c'est-à-dire qu'ils ont appuyé – sans le savoir – sur le mystérieux accélérateur. Et tout à coup, vers le sixième round, l'un des deux adversaires, qui semblait avoir la partie gagnée, faiblit et ralentit son action. Il se défend, il esquive, il se couvre. Son manager, cependant, n'est pas inquiet. Il confie aux amis qui l'entourent : « Ce n'est rien, il est comme ça, mais ça va se passer; il faut qu'il trouve son second souffle. »

Et, en effet, deux reprises plus tard, le combattant qui semblait épuisé, revient au combat avec des ressources nouvelles : il est plus frais, plus rapide et plus puissant qu'au premier round.

Cette expression technique du « second souffle » nous révèle donc un fait d'expérience qui semble jeter une lumière nouvelle sur la fonction respiratoire, et qui confirme l'existence d'un accélérateur. Chez certains sujets, cet accélérateur doit franchir un passage difficile, comme si dans la glissière où coulisse la pédale, il y avait un endroit trop serré ou un renflement qui en gêne la descente. Une fois ce passage franchi, l'accélérateur est à fond et la machine donne sans effort le maximum de sa puissance.

Voici, enfin, le cas le plus fréquent, et d'ailleurs le plus triste : le surmenage.

Voici un homme de constitution assez faible. Il a des charges de famille. Il travaille trop. Peu à peu, il maigrit, il devient légèrement fiévreux. Le médecin dira qu'il s'est dangereusement surmené.

En réalité, je vois ceci : pour accomplir une tâche au-dessus de ses forces, son organisme a ouvert en grand l'accélérateur. L'homme a brûlé plus qu'il n'aurait dû, et il a perdu plusieurs kilos de ses réserves.

Si cette suroxygénation continue, cet homme mourra d'une grande et terrible maladie, que je ne veux pas encore nommer.

Après avoir vu fonctionner l'accélérateur, examinons le ralentisseur.

Il se met en marche chaque soir, lorsque nous allons dormir.

Depuis une quarantaine d'années, on a beaucoup écrit sur « le grand air » et sur ses bienfaits.

Nos grands-parents ne l'aimaient guère. Certes, ils n'étaient pas ennemis de la promenade; ils adoraient la chasse et la pêche. Mais ce qui nous frappe dans les vieilles maisons, c'est l'étroitesse des fenêtres. Mon grand-père m'a souvent raconté que, dès sa naissance, sa mère l'avait mis dans la « sourniero », c'est-à-dire dans une pièce sans air et sans lumière. Il y était resté jusqu'à l'âge de six mois, dans l'obscurité totale. On craignait que le soleil ne le rendît aveugle, ou que le « courant d'air » ne lui donnât une « fluxion de poitrine ». Tous les enfants nés dans le Midi, vers 1830, furent ainsi élevés dans des caves hermétiquement closes.

Il me semble que de telles idées étaient absurdes. Mais les idées modernes sur l'air et le soleil ne le sont pas moins. Les méfaits des bains de soleil sont innombrables. Chaque année, sur la Côte d'Azur, on voit sur le sable des plages, des centaines de malheureux qui exposent une peau de couleur chocolat aux terribles rayons du soleil de midi; chaque saison est marquée par de véritables catastrophes.

D'autre part, on prétend qu'il est indispensable de dormir la fenêtre ouverte. Il me semble que c'est une hérésie.

Le sommeil, c'est le repos de l'être humain. C'est une période de plusieurs heures, consacrée à l'élimination des déchets de toute espèce, au rechargement des cellules nerveuses, à l'accumulation de réserves pour le lendemain.

Après un profond sommeil, le dormeur s'éveille à 37°, c'est-à-dire que la température de la machine a baissé, parce qu'elle a tourné plusieurs heures à l'extrême ralenti.

Pendant le sommeil, le rythme respiratoire est tombé de 16 à 10 inspirations par minute. Le dormeur, qui ne fournit aucun effort, n'a pas besoin d'une combustion accélérée.

Comment dorment les hommes?

Le paysan est forcé, par ses travaux, de vivre au grand air. Examinons la maison dans laquelle il vit. La cuisine est grande, parce qu'on y mange à six, ou huit, ou dix. Mais la chambre même où il va dormir avec sa femme est une très petite chambre, à peine éclairée par une très petite fenêtre, soigneusement fermée la nuit. Souvent, dans cette chambre, il y a une alcôve, fermée elle-même par une porte à deux battants ou par des rideaux, et qui est comme une chambre encore plus petite, enclose dans la déjà très petite chambre. Enfin, il arrive que le lit lui-même soit encore entouré de rideaux, et que le paysan, pour dormir, fasse remonter son drap sur son visage : nous retrouvons ici les procédés de la marmotte, qui bouche avec de la mousse l'entrée du terrier où elle va dormir trois mois.

Le paysan, sur-oxygéné toute la journée, a inventé, au cours des siècles, un dispositif simple, mais pratique, pour s'asphyxier la nuit, pendant son repos si nécessaire.

Un paysan qui dormirait la fenêtre grand'ouverte deviendrait presque sûrement tuberculeux. De là, cette peur ancestrale des « courants d'air » dans la maison, bien étonnante chez des gens qui passent leur journée sous le terrifiant mistral de Camargue, ou l'opiniâtre vent d'autan de l'Ariège : c'est parce que la maison, c'est le repaire, la tanière, le blockhaus où l'on vient pour se reposer, c'est-à-dire pour ralentir sa combustion, c'est-à-dire refaire sa petite provision de graisse pour le lendemain.

D'autre part, c'est un fait que, pour dormir, tous les animaux ralentissent leur respiration.

Les poissons, éveillés, remontent le courant de la rivière. La nuit, ils se laissent entraîner par ce courant, qui est pour eux ce que le vent est pour nous. Ils quittent le milieu du fleuve, le nez pointé vers le fond et parfois piqué dans la vase, les ouïes fermées, ils dorment, sous-oxygénés.

Tous les oiseaux, et même les oiseaux de basse-cour, dorment la tête sous l'aile.

Cette position les expose à de grands dangers, puisqu'elle permet aux nocturnes de les surprendre. Il faut donc qu'elle soit obligatoire pour que tous l'aient adoptée. Il est facile de constater que les plumes qui voilent les narines, et la torsion de la trachée, réduisent, au minimum, la respiration.

Un grand nombre d'animaux vivent dans des terriers, comme le lapin, le renard, le blaireau, le rat. D'autres, dans des cavernes ou des tanières, comme le loup, l'ours, le lion. Les narines du chien sont d'une grande mobilité. Largement ouvertes à l'état de veille, elles se ferment plus qu'à demi lorsque l'animal s'endort.

Enfin, le sommeil d'hiver de certains animaux confirme notre thèse. Ces animaux ont pris l'habitude de dormir pendant la saison des grands froids, qui exigent une trop grande dépense de calories, au moment même où la nature ne leur fournit plus d'aliments. Ils vivent donc sur leurs économies, en réduisant leurs oxydations au strict nécessaire. La marmotte, le loir, l'ours d'Amérique sont des exemples bien connus.

En somme, le comportement de la plupart des êtres vivants nous démontre que le véritable repos ne doit pas être pris au grand air, et que la première condition du vrai sommeil, c'est le ralentissement de la consommation d'oxygène. Ainsi, la paysanne qui va au marché, et qui veut retrouver son feu à son retour, recouvre les braises de cendres pour ralentir leur oxydation. Certes, le grand air est indispensable à la santé et à l'équilibre nerveux d'un homme éveillé, qui fait un travail quelconque. Mais il paraît absurde de laisser, pour dormir, les fenêtres ouvertes : tel un chauffeur qui, ayant conduit sa voiture au garage, laisserait tourner le moteur toute la nuit, à pleins gaz.

On dira « qu'importe la quantité d'oxygène qui pénètre dans les poumons du dormeur ? Vous venez de démontrer qu'il a un régulateur ».

Cela est vrai. C'est grâce à cet organe inconnu que beaucoup de gens dorment impunément la fenêtre ouverte, ou au grand air. Mais pourquoi imposer au régulateur une surveillance inutile ? Pourquoi ne jamais lui permettre de se reposer, dans une position d'indifférence ? Il semble que ce merveilleux mécanisme, qui est l'organe même de la vie, ait droit, lui aussi, à la détente du sommeil.

L'existence du centre régulateur nous paraît démontrée.

Pouvons-nous agir sur lui, soit par notre propre volonté, soit par des moyens extérieurs ?

Il semble que certains hommes, après un entraînement de

plusieurs années, aient réussi à se rendre maîtres de leur propre combustion.

De nombreux rapports, qui nous paraissent dignes de foi, nous ont décrit à plusieurs reprises – et même tout récemment, deux expériences réalisées par les fakirs hindous, ou par les moines du Thibet.

Dans la première, l'exécutant ralentit sa respiration jusqu'à l'arrêt complet, du moins en apparence. Après quoi, on lui bouche les narines avec de la cire molle, et on l'enterre dans le sable. Au bout d'un mois, on le tire de sa tombe; il reprend peu à peu son rythme respiratoire, se lève, salue la compagnie, et rentre chez lui.

Pour la seconde expérience, les moines du Thibet commencent par se recueillir longuement. Puis, ils sortent du monastère, absolument nus, par un froid de plusieurs degrés sous zéro : on les entoure aussitôt de toiles mouillées, qui devraient geler sur eux et ils s'étendent sur la glace. Or, non seulement la toile ne gèle pas, mais au bout de quelques minutes, elle est parfaitement sèche. Elle est immédiatement remplacée par une autre toile mouillée : le vainqueur de ce tournoi arrive parfois à sécher une vingtaine de draps de lit, et même à creuser un trou assez profond dans la glace qui fond sous lui.

Ces deux expériences semblent s'opposer. La seule explication scientifique possible, c'est que, dans le cas du fakir, celui-ci est capable de ralentir l'oxygénation jusqu'à la suspendre, tandis que les moines ont le pouvoir d'accélérer l'oxygénation jusqu'à lui faire produire *plusieurs centaines de milliers* de calories. (Il en faut 80.000 pour fondre un kilo de glace!)

Ce qui confirme cette hypothèse, c'est que tous les religieux de l'Inde s'adonnent à une certaine gymnastique respiratoire, qui s'appelle le yoga, et qui constitue le début de leur initiation. Ils disent que le sage doit d'abord être maître de sa « respiration ». Ce mot de « respiration » qui semble ne faire allusion qu'à la fréquence ou à l'ampleur des mouvements respiratoires, a peut-être un sens plus profond, plus complet, et il est possible que le mot hindou ait le sens de « combustion ».

La science moderne a-t-elle des moyens d'agir de l'extérieur sur la mystérieuse mécanique ?

Oui. Nous en connaissons plusieurs.

1° Les anti-pyrétiques, qui réussissent souvent à fermer le régulateur trop ouvert.

2° Les infections, accidentelles ou provoquées, qui le forcent à s'ouvrir au-delà de la normale, dans un but de défense de l'organisme.

3° Certaines radiations – et particulièrement les ondes courtes – le forcent à s'ouvrir pendant la durée de leur émission.

Il faut maintenant poser à nos maîtres les deux questions capitales : où se trouve ce régulateur ? Comment agit-il ?

Les traités d'anatomie nous apprennent que le centre nerveux respiratoire se trouve au niveau du bulbe, entre le noyau du pneumogastrique et le noyau du XIIe. On croit aussi, et certaines expériences semblent le prouver, qu'il y a des centres spinaux. Il n'est pas possible de décrire ici toutes ces expériences, dont les comptes-rendus rempliraient plusieurs gros volumes. Enregistrons seulement les résultats que la science moderne tient pour certains.

« La notion de l'influence du bulbe sur la respiration est bien ancienne. Mais en fait, la démonstration de cette action bulbaire est due aux expériences de Legallois... Il faut le considérer comme un appareil nerveux qui envoie aux muscles respirateurs des excitations périodiques... Au niveau du bulbe, le sang veineux est un excitant du centre qu'il baigne, soit par l'excès d'acide carbonique qu'il contient, soit par le déficit d'oxygène dont il est dépouillé... Il semble bien que chacun de ces deux facteurs ait sa part dans le processus... Cependant, l'importance de l'acide carbonique, comme excitant normal de la respiration, est certainement plus grande que celle du déficit d'oxygène. »

Ces quelques lignes résument à peu près tout ce que l'on sait sur le rôle du bulbe : excité par le CO_2 du sang veineux, il excite à son tour les muscles de la respiration, dont il règle la force et le rythme.

Cette action, d'origine chimique, n'a donc que des effets mécaniques.

Essayons de mesurer par des chiffres les résultats que le bulbe pourrait obtenir.

Il peut, par exemple, toutes autres conditions restant égales, doubler la vitesse du rythme respiratoire, le faire passer à 30 au lieu de 15.

Ainsi, la quantité d'air inspiré serait doublée et portée à 15 litres par minute.

Il peut, en approfondissant les inspirations, obtenir le même résultat.

Il peut, par une combinaison des deux procédés, inspirer ces 15 litres minutes plus commodément pour le sujet.

Est-il suffisant d'inspirer deux fois plus d'air pour assimiler deux fois plus d'oxygène?

Certainement non : d'autres manœuvres doivent intervenir.

Par exemple le bulbe, par l'intermédiaire du pneumogastrique et du sympathique, peut accélérer d'autres fonctions.

Par exemple, il peut accélérer les battements du cœur, afin d'accélérer le transport d'oxygène.

Toutefois, il semble bien que son rôle soit purement mécanique et que les procédés qu'il met en œuvre ne puissent être employés longtemps.

Lorsque nous avons retrouvé Maître Panisse, en train de faire du ski, il était redevenu normal; son cœur ne battait plus à 120, son rythme respiratoire ne dépassait plus 16. Cependant, malgré la pauvreté de l'atmosphère, il se portait mieux que jamais.

On peut donc imaginer que les actions déclenchées par le bulbe – actions visibles et mesurables – ne sont que des moyens de défense provisoires; ils permettent d'attendre la mise en route d'un autre cycle respiratoire, du second « souffle » des sportifs.

Il semble bien que, dans le cas de Maître Panisse, comme dans le cas du montagnard, le seul remède contre l'asphyxie ou contre la suroxygénation soit l'augmentation ou l'abaissement du taux de 4 %. Par quels moyens?

Faisons un tableau complet de tous les facteurs qui agissent, à notre connaissance, sur la respiration de nos cellules.

1° La capacité de la cage thoracique, à condition que cette capacité soit proportionnelle à la surface de la muqueuse respiratoire, ce qui est toujours vrai chez un sujet normal, la capacité moyenne est de 4,500 litres.

2° Le rythme respiratoire :

Il doit être de 15 à 17 inspirations par minute chez un adulte normal, qui est à l'état de veille. Ainsi, en dix heures, ce sujet aura inspiré de 9 à 10 000 litres d'air frais.

3° Le poids d'oxygène contenu dans chaque litre d'air inspiré :

Ce poids dépend de la densité de l'air, qui dépend elle-même de l'altitude et de la température.

A Marseille, 4.000 litres d'air pèsent environ 5 000 g et contiennent 1 196 g d'oxygène. Au Thibet, 4 000 litres pèsent 2 800 g. et contiennent 0 kg 664 g d'oxygène.

Ces trois premiers facteurs nous permettent de mesurer avec précision le poids de l'oxygène *inspiré* par le sujet.

Voici maintenant la traversée de la muqueuse. Sa vitesse dépend de plusieurs facteurs.

4° La pression de l'oxygène contre la paroi pulmonaire qu'il doit traverser.

Cette pression est toujours de $\frac{1}{5}$ d'atmosphère.

Sur le port de Marseille, cette pression est donc de :

765 millimètres de mercure : 5 = 153.

Sur une montagne de X mètres, la pression n'est plus que de X millimètres de mercure.

Cette pression joue un rôle très important : nous savons qu'une pression atmosphérique de 4 kg est mortelle pour les mammifères.

D'autre part, un individu enfermé dans une boîte hermétiquement close, vit fort bien pendant quelques heures; puis sa respiration s'accélère; peu à peu, il s'étouffe, et il meurt par asphyxie.

Ouvrons cette boîte fatale, faisons une analyse de l'atmosphère qu'elle contient.

Nous découvrons avec stupeur que chaque litre d'air contient encore $\frac{1}{8}$ de son poids d'oxygène.

La chambre ayant une capacité de 10 mètres cubes, c'est-à-dire de 10 000 litres, elle contient 13 kilos d'air, qui contiennent encore 1 kg 600 grammes d'oxygène pur : il y avait là de quoi respirer pendant une semaine entière, et pourtant le patient est mort asphyxié. Pourquoi ?

Parce que la pression de l'oxygène, tombée de $\frac{1}{5}$ d'atmosphère à $\frac{1}{8}$ d'atmosphère, n'en permet plus l'assimilation.

5° Cette pression n'est pas seule en cause : nous devons naturellement tenir compte de la contre-pression de l'oxygène qui reste encore dans le sang veineux.

« L'excès de tension de l'oxygène de l'air sur la tension de ce gaz dans le sang est un facteur prépondérant dans la vitesse d'absorption de ce gaz. » (Gley.)

De quoi dépend cette contre-pression ?

Tout d'abord, de la consommation d'oxygène faite par nos cellules. Nous verrons plus loin que c'est là le grand mystère et que nous ignorons pourquoi ces petits pots de graisse, qui pourraient brûler d'un seul coup, n'acceptent que X % ou Y % de l'oxygène qui passe, transporté par le sang. Comment des hydrocarbures, fabriqués pour brûler, refusent-ils de brûler d'une seule flambée ? Mystère.

6° A cause de cette contre-pression, la vitesse du sang, c'est-à-dire le rythme cardiaque, joue un rôle important.

Nous avons vu que, selon Gley, « La vitesse de l'absorption par le sang est proportionnelle à la différence de tension entre celle de l'oxygène de l'air inspiré et celle de ce gaz contenu dans le sang. »

Il est donc clair que la vitesse du sang veineux qui arrive aux poumons joue un grand rôle.

Dès l'arrivée de ce sang, la différence de tension est maxima, et par conséquent la vitesse d'absorption est maxima. Si le sang restait immobile, la vitesse d'absorption atteindrait rapidement zéro. Donc, plus le sang marche vite, plus la vitesse d'absorption est grande.

7° Enfin, un autre facteur joue un rôle important : c'est le nombre des globules rouges.

Les savants nous apprennent que l'altitude déclenche *l'hyperglobulie* : c'est là un moyen puissant pour lutter contre l'asphyxie partielle, et pour utiliser l'air raréfié des hauts plateaux.

Nous avons donc trouvé sept facteurs importants de la formule respiratoire d'un individu quelconque. Il y en a certainement d'autres, que nous ignorons encore.

Nous avons démontré l'existence d'un régulateur de la respiration. Le nombre et l'importance des facteurs qui composent la formule suffisent à démontrer la complexité et la perfection de cette mystérieuse mécanique.

L'exagération ou l'abaissement de chacun de ces facteurs suffirait à compromettre gravement la santé du sujet, si le régulateur n'existait pas, ou fonctionnait mal.

Or, un mécanisme aussi complexe doit avoir ses maladies comme le foie, l'estomac, ou la moelle.

Nous savons déjà ceci : une piqûre d'épingle au niveau du bulbe, appelé nœud vital arrête définitivement la respiration et entraîne la mort.

Nous savons aussi qu'à partir d'une pression atmosphérique de 4 kilos, le régulateur a beau se fermer à fond pour ralentir l'invasion d'oxigène, il n'y réussit plus, et le sujet meurt.

Nous savons enfin qu'au-dessous d'une pression d'O_2 inférieur à 1 d'atmosphère le régulateur a beau s'ouvrir à fond, il ne réussit plus à prélever, dans le gaz trop rare, la ration nécessaire à la vie.

C'est donc une machine complexe et fragile qui a certainement son siège dans notre système nerveux : peut-être dans un seul centre, peut-être dans plusieurs centres distincts, mais gouvernés par un seul centre supérieur, qui serait le centre même de la vie.

Il est facile d'imaginer que ce centre puisse être déréglé ou affolé par une anomalie du sang, ou une congestion locale, ou une sclérose de son enveloppe, ou pour toute autre raison : le nombre des causes de maladie est infini.

Toutefois, il n'y a que 3 résultats possibles :

1° – Le régulateur est trop fermé.

2° – Le régulateur est bloqué.

3° – Le régulateur est trop ouvert.

S'il est trop fermé, le sujet n'aura qu'une ration d'oxygène insuffisante.

S'il ne perd pas son appétit, si sa nutrition fonctionne normalement, il va devenir obèse, parce qu'il ne brûle pas assez.

Il est remarquable que les obèses ont toujours une respiration difficile : on dit « Il est poussif, parce qu'il est obèse. »

On pourrait peut-être dire : « Il est obèse parce qu'il est poussif. » L'obésité ne serait donc qu'une maladie nerveuse.

Dans le second cas – régulateur bloqué – le malade peut vivre jusqu'à cent ans, à condition qu'il ne change pas d'altitude, et que par des artifices tels que le chauffage central en hiver, des voyages en été, il diminue autant que possible les écarts de température et de pression qui séparent les saisons.

Enfin, dans le troisième cas, le sujet assimile trop d'oxygène. Il brûle trop vite, comme notre montagnard.

Sa température sera continuellement supérieure à la moyenne.

Il va maigrir rapidement.

Le passage d'une quantité d'oxygène trop grande à travers ses poumons va irriter, puis brûler sa muqueuse pulmonaire.

Ses poumons panseront les brûlures avec des glaires et des mucus. Le sujet va tousser nuit et jour. Les brûlures s'agrandiront sans cesse : elles s'infecteront bientôt de microbes.

Le plus dangereux de ces microbes, c'est le bacille de Koch.

Le grand Laennec avait dit : « Le tuberculeux est une cheminée qui tire trop. »

Il avait découvert le secret de la terrible maladie. Il semble que nous puissions ajouter cinq mots à sa géniale formule.

« Le tuberculeux est une cheminée qui tire trop, et qui a pris feu. »

Ainsi, le bacille ne serait pas la cause de la tuberculose pulmonaire. Il n'en serait que le résultat.

La tuberculose pulmonaire

Je me promenais un soir – il y a vingt ans – au bord de la mer, en compagnie d'un médecin célèbre, chef de clinique dans un grand hôpital. C'était un soir d'été silencieux, et le jour s'attardait au bout de la mer.

Je lui demandai tout à coup :

– Que sait-on aujourd'hui du cancer ?

Il réfléchit quelques secondes, ôta son cigare de sa bouche et dit :

– C'est une sale affaire.

J'attendais la suite, mais il ne dit rien d'autre. Quelques minutes plus tard, je posai une autre question :

– Vous avez soigné des tuberculeux ?

– Oui, beaucoup.

– Et que savez-vous de précis sur la tuberculose ?

Il s'arrêta, réfléchit encore une fois, et me dit gravement :

– Je n'aimerais pas l'avoir.

Il me semble qu'à propos du cancer, la science en soit encore au même point. Mais en ce qui concerne la tuberculose, la médecine a fait d'importants progrès. Nous en parlerons tout à l'heure.

Examinons, à notre tour, la plus répandue des grandes maladies : étudions-la avec l'intrépidité de l'ignorance.

Nous rencontrons, dans le langage courant, un grand nombre de vérités scientifiques, qu'il nous a fallu redécouvrir avec l'aide du microscope, ou du stroboscope, ou de l'analyse chimique. On pourrait penser que ces vérités, déjà découvertes par des civilisations plus anciennes, avaient disparu en même temps qu'elles, et n'ont survécu que par une métaphore, une image, une association de mots.

Il est possible aussi que l'instinct des foules ait énoncé par de simples mots inexpliqués, des vérités saisies directement par l'intuition, qui est la forme la plus rapide et la plus pénétrante de la pensée.

Examinons donc le langage et les métaphores qui concernent la tuberculose et le tuberculeux.

Les Grecs l'appelaient phtisie, ce qui signifie brûlure.

Les Anglais et nous-mêmes l'appelons parfois consomption.

On parle du tuberculeux comme d'un être « brûlé d'une flamme intérieure. » « Il a brûlé la chandelle par les deux bouts. » Il a les pommettes « en feu ». Le tuberculeux ne meurt pas; « il s'éteint » comme une lampe qui n'a plus d'huile.

Toutes ces métaphores ne parlent que de feu, comme Laennec.

L'augmentation de température appelée « fièvre » prouve, elle aussi, l'intensité anormale du feu intérieur.

L'amaigrissement, malgré une suralimentation forcée, prouve, une fois encore, que le malade brûle trop.

Il serait facile de le prouver par l'expérience suivante :

Soit une chambre à coucher très petite, d'une contenance de 20 mètres cubes, hermétiquement close.

Nous faisons une analyse de l'air aussi exacte que possible. Nous trouvons que cette atmosphère, sous une pression de 760, contient 23 % d'oxygène, sous une pression x.

Enfermons dans cette chambre, pendant douze heures, un individu en bonne santé.

Au bout de 12 heures, faisons une nouvelle analyse de l'air.

Très certainement, nous constaterons la disparition d'une quantité x d'oxygène, consommée par notre prisonnier.

Aérons largement la chambre, pour y reconstituer l'atmosphère primitive.

Puis, remplaçons notre sujet témoin par un tuberculeux en pleine évolution, de taille sensiblement égale.

Au bout de 12 heures, nous pourrons mesurer la quantité y d'oxygène qu'il aura consommée.

Nous sommes absolument certain que cette quantité y sera *plus grande* que la consommation x du témoin bien portant.

Plus l'écart sera grand, plus sera grave l'état du malade.

Voyons maintenant comment et chez quels sujets nous pensons que se déclare la tuberculose pulmonaire et voyons si notre thèse ne peut pas expliquer tous les cas.

Tout d'abord, la phtisie s'installe assez souvent à la suite d'une maladie infectieuse quelconque.

Contre l'infection, l'organisme a réagi : il a déclenché la fièvre, qui est la contre-attaque de la vie.

Mais il est possible que cette contre-attaque désespérée, conduite aveuglément par le centre respiratoire, avec toute la violence dont l'organisme était capable, ne puisse plus s'arrêter ensuite. L'accélérateur est resté coincé à sa position d'ouverture maxima : le convalescent prend feu.

On sait que la tuberculose fait des ravages dans les taudis. Nous proposons une explication.

Dix personnes vivent dans deux petites pièces mal aérées. Elles y passent au moins douze heures par jour. Leurs poumons s'adaptent à cet air pauvre, dont la pauvreté même active chez elles la fonction respiratoire : le fait que ces personnes ne meurent pas, prouve que l'assimilation d'oxygène est suffisante. L'accélérateur est donc grand ouvert.

Si ces gens ne sortaient jamais de ce milieu mal aéré, ils ne deviendraient jamais tuberculeux.

C'est en sortant du taudis pour aller à leur travail que, respirant tout à coup un air beaucoup plus riche, ils assimilent beaucoup trop d'oxygène, et courent le risque de prendre feu. Cette explication est valable pour le personnel des sous-marins.

Voici maintenant des gens qui exigent, de leur système respiratoire, un travail anormal :

Le musicien qui joue d'un instrument à vent; le souffleur de verre, le plongeur de perles, le scaphandrier.

En effet, leur profession les oblige à comprimer l'air contenu dans leurs poumons. C'est-à-dire que leur muqueuse pulmonaire est en contact avec de l'air dont la pression est très supérieure à la normale, d'où une assimilation d'oxygène exagérée à moins que l'accélérateur ne règle, par une surveillance constante, le taux d'assimilation.

De plus, ces exercices de compression, fréquemment répétés, amènent une dilatation de la cage thoracique, parallèlement à une dilatation des bronches et des alvéoles, c'est-à-dire une augmentation de surface du système respiratoire qui peut être dangereuse.

De plus, on peut supposer qu'un centre respiratoire continuellement surmené ne finisse par abandonner ses fonctions, comme un vieux fil de caoutchouc sur lequel on a trop tiré.

Nous vons vu le cas de l'homme surmené, qui assimile trop d'oxygène pour faire face à des travaux trop durs pour lui.

Le sportif fait partie de la même catégorie. Plusieurs fois par mois, il bande toute sa volonté pour accomplir un exploit sportif, c'est-à-dire un effort inhumain.

Comme le surmené, il arrive qu'il fausse le régulateur qui, tout à coup, ne se referme plus; comme le sportif a mis tous ses soins à l'accroissement de sa capacité thoracique, la tuberculose des sportifs est d'autant plus rapide que l'homme était mieux entraîné.

Les maîtres nous apprennent aussi que certains états physiologiques, et notamment la puberté, la grossesse, les suites de couches, l'allaitement exercent sans aucun doute une influence favorable sur le développement de la tuberculose chez la femme.

Or, ces états physiologiques sont précisément ceux qui exigent de l'organisme féminin un effort considérable et qui se prolonge pendant des mois.

Comme dans le cas du surmené ou du sportif, l'organisme s'efforce de brûler davantage, afin d'augmenter sa puissance momentanée.

Il arrive qu'il dépasse son plafond, parce que le régulateur a été forcé.

Au nombre des causes de la tuberculose, il y a l'alcool.

Or, l'alcool ne se respire pas : il se boit, et nous savons qu'il a, sur le système nerveux, une action assez puissante pour faire danser au pochard l'affreuse gigue du delirium tremens.

Quel rapport pourrait-il y avoir entre un poison du système nerveux et l'apparition du bacille de Koch ?

Aucun.

Mais on conçoit fort bien que ce poison puisse dérégler le régulateur. Certains alcooliques deviennent très gras, parce qu'il s'est presque fermé. D'autres deviennent phtisiques, parce qu'il s'est trop largement ouvert.

Cette thèse aurait enfin l'avantage d'expliquer l'hérédité de la tuberculose pulmonaire, puisque la terrible maladie n'aurait pas d'autre cause que l'insuffisance, ou le dérèglement ou la malformation congénitale d'un centre nerveux.

Nous allons maintenant rechercher des preuves nouvelles dans les traitements ou les remèdes qui ont été employés contre la tuberculose pulmonaire : nous verrons que le succès des uns, tout comme l'insuccès des autres, confirment régulièrement notre thèse.

Nous savons qu'au siècle dernier – et en particulier au temps des romantiques – on envoyait les tuberculeux sur les rivages de la Méditerranée, et surtout en Italie, « sous les orangers ».

L'idée génératrice de ce traitement était fort simple :

« Une personne qui tousse est une personne qui a pris froid. Elle a un rhume. Il y a les bons et les mauvais rhumes. Les bons rhumes guérissent en deux semaines, avec des cataplasmes et du sirop. Les mauvais rhumes sont ceux qui s'obstinent : il faut recourir aux solutions radicales. Ce mauvais rhume, causé par le froid, sera probablement guéri par la chaleur et le soleil.

Or, la chaleur et le soleil, on les rencontrait sur les plages de la Riviera, française ou italienne. Par malheur, au bord de la mer, on rencontre aussi le maximum de la pression atmosphérique, c'est-à-dire l'air le plus lourd, le plus riche en oxygène, le plus pressant.

Les malades romantiques en ont fait la triste expérience : ils mouraient tendrement, en récitant des élégies, dévorés par le gaz vital et mortel.

Cependant, l'idée génératrice du traitement n'était pas entièrement fausse.

1° – Il est certain que l'atmosphère d'une plage d'Italie est moins dévorante que celle d'une plage d'Islande, où le froid alourdit encore l'air, tandis que le soleil italien l'allège dans une certaine mesure.

2° – Il est certain que le soleil a une action antibacillaire très efficace.

3° – Il est certain que l'air marin, chargé d'iode, de brome, et de sel, est fortement antibacillaire. Toutes les tuberculoses non pulmonaires sont grandement améliorées par son action.

Par malheur, ces avantages *antibacillaires* ne sont pas des avantages *antituberculeux.*

Peu à peu, et comme par une intuition, les médecins ont recherché, au bord de la mer ensoleillée, les hauteurs – comme Grasse – où le bienfait de l'altitude a parfois amélioré des tuberculeux déjà gravement atteints.

Parlons maintenant de la Tuberculine de Koch, qui fit naître tant d'espoirs, et qui n'était qu'une extrapolation des idées et des découvertes de Pasteur.

En 1862, le génie de Pasteur apprit au monde entier : que les infiniment petits ne naissent pas spontanément, mais qu'un microbe est nécessairement le fils d'un autre microbe né avant lui. La démonstration de cette vérité fit naître l'antiseptie et l'aseptie, qui permirent le développement et la mise au point de toute la chirurgie moderne.

Pasteur inaugure une autre méthode, la vaccinothérapie.

A vrai dire, dans ce domaine, il n'inventa rien : Jenner, en 1798, avait publié son premier ouvrage sur la vaccination antivariolique, qu'il avait découverte sans en comprendre le secret.

Pasteur, ayant découvert le secret des microbes, appliqua la méthode de Jenner à d'autres maladies, et, en particulier, à la rage.

La vaccinothérapie a permis d'atteindre des résultats d'une importance énorme. Mais la théorie pasteurienne, qui enfantait la chirurgie, assassina la médecine.

Avant Pasteur, on pensait :

« La maladie crée le microbe. »

Après Pasteur, on pensa :

« Le microbe crée la maladie. »

Il me semble que ces deux idées sont fausses, mais que la théorie des disciples de Pasteur est plus fausse et plus dangereuse que la théorie des anciens.

La théorie pasteurienne avait pour elle le bon sens, la logique, les exemples pris dans la nature.

Depuis des millions d'années, le corps humain était menacé et souvent détruit par d'autres êtres vivants : l'ours des cavernes, le requin, le tigre, le lion, le crocodile.

Il y en avait de plus petits : le loup, le rat, la punaise, la puce, le pou, le morpion.

Pasteur nous révéla que nous avions d'autres ennemis encore plus petits, si petits qu'ils étaient invisibles.

Je crois pouvoir affirmer, sans plaisanterie aucune, que jusqu'à ces dernières années, le microbe ou le bacille ont été, dans l'esprit des hommes – et même pour les savants – une sorte de très petit tigre, une espèce de sous-morpion, qui nous attaquait férocement par l'intérieur. Certains étaient friands de mou, et ils nous mangeaient les poumons. D'autres préféraient le foie, d'autres le sang, d'autres la cervelle. De là toutes nos maladies.

Cette idée, si simple et si humaine, a très probablement retardé d'un siècle les progrès de la médecine.

Cette erreur eut deux résultats.

1° – La thérapeuthique dirigea tous ses efforts contre les microbes connus.

2° – Tous les laboratoires consacrèrent leur activité à la recherche des microbes inconnus.

Ainsi, de nombreux chercheurs ont passé leur vie à l'oculaire d'un microscope, pour découvrir le microbe de la lèpre, de l'encéphalite, ou du cancer.

Ils ne les trouvèrent pas, ou plutôt ils en trouvèrent un grand nombre, ce qui revient au même.

De plus, comme ces hommes de grande valeur passaient toutes leurs journées avec un œil fermé, et l'autre collé à l'oculaire d'un microscope, il semble qu'ils n'eurent plus le temps de regarder les malades.

L'identification du bâtonnet sembla d'abord confirmer l'interprétation de la théorie de Pasteur par ses disciples.

L'affreux bacille fut pris sur le fait, coloré, mesuré, ensemencé, cultivé : puis, entouré d'une immense espérance, Koch prépara le vaccin, et des milliers de malades furent inoculés : le seul résultat notable fut l'aggravation d'un certain nombre de cas.

Aujourd'hui, la tuberculine est à peu près totalement abandonnée; elle ne sert guère qu'à confirmer un diagnostic. Ce cruel échec semblerait confirmer que la tuberculose n'est pas due au seul bacille de Koch. Nous savons que les vaccins agissent merveilleusement contre la rage, le tétanos, la variole, la diphtérie. Si la tuberculose n'était qu'une bacillose, le vaccin de Koch l'aurait guérie.

Voici maintenant une étude très sommaire des traitements qui ont partiellement réussi. Les trois principaux sont le sanatorium, le pneumothorax, la thoracoplastie.

Le sanatorium

Les bienfaits du sanatorium ne sont plus discutés.

Malgré de graves déceptions, l'ensemble des résultats obtenus par la cure sanatoriale marque un très grand progrès dans le traitement de la maladie.

Les bienfaits du sana sont attribués, à l'unanimité, à la « cure d'aération et de repos ».

Examinons les conditions de cette cure.

La première et la plus frappante caractéristique du sanatorium, c'est l'altitude : de 1.000 à 1.500 et même 2.000 mètres.

Le poids du litre d'air, qui est, au bord de la mer, de 1 gr. 30, descend à 1 gr. pour 1.200 mètres.

Nous avons vu que Maître Panisse, sur le vieux port de Marseille, faisait passer chaque jour, dans ses poumons, 10.800 litres d'air qui pesaient 14.040 grammes, et contenaient 3 kgs 220 grammes d'oxygène.

A 1.200 mètres, ces 10.800 litres ne pèsent plus que 2.480 grammes. Puisqu'il en assimilait 4 %, sa ration de Marseille était de 128,80 grammes.

Au sanatorium, elle n'est plus que de 99 gr. 40. Ou plutôt, elle ne serait plus que de 99 gr. 40, si la pression atmosphérique *était la même.*

Or, la pression atmosphérique a baissé : elle n'est plus de 760 m/m de mercure. Elle atteint à peine 730 m/m.

Il n'aura donc assimilé que :

$\frac{100 \times 730}{760} = 94$ grammes, si la contre-pression de l'O^2 contenu dans le sang est restée la même.

Tout le régime imposé au malade a pour résultat de réduire sa consommation d'oxygène.

Il doit faire de longues heures de chaise longue, dans une immobilité absolue; d'où ralentissement du rythme respiratoire et du rythme cardiaque : il ne consomme pas plus d'oxygène que s'il dormait. La contre-pression de O_2 contenu dans son sang veineux est donc augmentée, et la vitesse d'absorption de l'oxygène en est ralentie.

Ainsi, la cure d'aération et de repos devrait s'appeler plus justement cure d'asphyxie.

Le pneumo-thorax

Le pneumo-thorax a pour but l'immobilisation d'une lésion pulmonaire et de permettre sa cicatrisation. Il obtient très souvent ce merveilleux résultat, et il semble, de plus, avoir une heureuse influence sur l'état général du malade.

Il nous paraît très remarquable que des améliorations rapides et importantes puissent être obtenues en supprimant le fonctionnement du tiers – et parfois de la moitié – de la surface respiratoire des poumons : c'est là la première conséquence du pneumo-thorax.

Le thoraco-plastie, n'est que la forme définitive du pneumo-thorax : elle met au repos – et pour toujours – un poumon tout entier.

Ainsi ces deux interventions, qui sont les plus profitables de la chirurgie pulmonaire, n'ont d'autre effet que *l'asphyxie partielle du malade.*

Les bienfaits du sana, du pneumo-thorax et de la thoracoplastie se traduisent toujours de la même façon : la fièvre baisse, le poids augmente, la toux diminue, et parfois disparaît. Enfin, dans les cas heureux, l'analyse ne révèle plus de bacille.

Le malade est-il guéri ?

Non. Mais il est en bonne santé.

La vraie cause de sa maladie, c'était l'ouverture exagérée d'un régulateur qui ne se fermait plus.

Par différents moyens mécaniques et physiques (air raréfié, pression atmosphérique moindre, immobilité, suppression d'une partie des champs respiratoires) nous avons *remplacé* le régulateur défaillant, mais nous ne l'avons pas *guéri.*

Nous avons même peut-être aggravé son état, s'il était possible de l'aggraver.

En effet, la maladie se défend, comme la santé. Le centre respiratoire, qui commettait l'erreur mortelle d'ouvrir le régulateur à 6 % (au lieu de 4 %) dans une atmosphère normale, a dû se croire en danger de mort : dans un effort suprême, il a peut-être bloqué le régulateur à son maximum d'ouverture, pour retrouver la dose mortelle, qu'il croit être normale. Mais quoiqu'il ait fait, grâce à la cure d'asphyxie, il n'a pu dépasser la dose de 110 à 120 grammes par jour, et le malade paraît sauvé.

Il est sauvé, comme le diabétique qui reçoit chaque jour sa piqûre d'insuline : il vivra en bonne santé tant qu'il restera au sanatorium, ou qu'il gardera son pneumo-thorax. Mais s'il veut reprendre une vie normale, sans aucune précaution : s'il veut retourner au bord de la mer, et se remettre au travail, il arrive que l'imprudent s'embrase avec une rapidité effrayante, et qu'il meure en quelques semaines.

Il faudra donc, après la guérison apparente, attendre encore des semaines et des mois avant de cesser le traitement. Il est en effet vraisemblable que l'excellence de l'état général puisse agir sur la cause inconnue de la maladie, c'est-à-dire sur le dérèglement du centre respiratoire.

Il faudra ensuite retourner à l'état normal par étapes, afin de ne pas imposer à ce centre un trop grand effort, mais de façon, au contraire, à en faire la rééducation. Cet heureux succès est possible : s'il y a eu, jusqu'ici, des tuberculeux incurables, il n'en est pas moins vrai que la médecine moderne peut s'enorgueillir d'un grand nombre de guérisons définitives.

Le vrai traitement, ce serait la remise en état du centre respiratoire. Le vrai remède, ce serait celui qui agirait sur le régulateur et lui rendrait sa souplesse et sa sensibilité.

Il est bien difficile de soigner un organe ou un ensemble d'organes dont on connaît assez mal le siège et le fonctionnement.

Nous avons déjà dit que les ondes courtes ouvrent le régulateur, puisqu'elles donnent la fièvre à un sujet parfaitement sain, et que cette fièvre, qui ne laisse aucune trace, s'arrête en même temps que la machine.

Nous avons dit aussi que les anti-pyrétiques ont le pouvoir de refermer momentanément le régulateur puisqu'ils font tomber la température d'un malade, même lorsque sa fièvre a une cause sérieuse.

Il serait peut-être possible de soumettre le malade, alternativement aux ondes courtes, puis aux anti-pyrétiques. Ce serait une sorte de mécanothérapie du centre respiratoire, qui aurait pour but sa rééducation. Toutefois, mon ignorance elle-même s'effraie des dangers d'une telle expérience.

En attendant que les savants aient découvert et mis au point une médication directe du centre respiratoire, il nous paraît cependant facile de *perfectionner la cure sanatoriale,* et *d'augmenter* considérablement ses effets.

Esquisse d'un traitement préparatoire

Le plus grave inconvénient de la méthode du sana, c'est qu'elle ne peut pas pousser l'asphyxie assez loin.

Pour donner au malade moins d'oxygène, on le conduit dans un air raréfié, sous une pression atmosphérique plus faible. Il est clair qu'on ne peut diminuer indéfiniment la pression atmosphérique, sous peine de voir éclater les vaisseaux pulmonaires déjà blessés : d'où l'hémoptysie, souvent fatale.

Il est pourtant certain que de nombreux sujets, dont le robinet est ouvert à l'extrême, se porteraient fort bien à 5.000 ou 6.000 mètres, si la dépression ne les tuait pas.

Le pneumo-thorax ne présente pas cet inconvénient, mais il en a d'autres tout aussi graves.

D'abord, c'est une bien barbare opération que celle qui gonfle la plèvre comme un ballon de football. Ensuite, c'est une opération, et il faut la renouveler tous les quinze jours. Enfin, cette méthode a peu de souplesse : elle supprime brutalement la moitié de la surface respiratoire, elle risque de mettre feu à l'autre poumon.

Quant à la thoracoplastie, qui a déjà sauvé bien des malades, c'est une opération très grave parce qu'elle a pour résultat une mutilation définitive, c'est-à-dire irréparable.

La méthode que nous proposons et qui n'a jamais été expérimentée à notre connaissance, paraît le plus simple et le plus efficace de tous les traitements d'asphyxie.

Nous construirons une vaste chambre atmosphérique qui mesurera 20 mètres par dix mètres sur 5 mètres de hauteur : soit une capacité de 1.000 mètres cubes.

Autour de cette pièce, dix chambres de malades pour la nuit. Elles mesureront 4 × 4 × 5 = 80 mètres cubes.

Les murs, les plafonds, et le sol seront revêtus d'un enduit étanche.

Les fenêtres qui devront être aussi grandes que possible seront munies de joints en caoutchouc.

Les portes seront doubles, séparées l'une de l'autre par un court vestibule, et munies elles aussi de joints hermétiques.

Au milieu de la salle, dont toutes les fenêtres sont grandes ouvertes, se trouve, dégonflé, un ballon de taffetas gommé.

Sa capacité atteint : 260 m^3.

La salle contient 1.000 mètres cubes d'air. A cause de l'altitude, cet air ne pèse que 1 gr. au litre. Ces 1.000 m^3 pèsent donc mille kilos. Ils contiennent 1.000 × 0,23 = 230 kilos d'oxygène.

Toutes fenêtres ouvertes, je gonfle le ballon, avec des bouteilles d'azote pur.

Chaque fois que j'introduis dans le ballon 1 m^3 d'azote, 1 m^3 d'air sort par les fenêtres, en emportant 230 grammes d'oxygène. Si je gonfle d'azote les 260 m^3 du ballon, j'aurai chassé de la salle 57 kilos d'oxygène.

Le ballon gonflé, je ferme hermétiquement toutes les ouvertures. Puis, en dégonflant le ballon, je répands dans la pièce l'azote pur qu'il contient, et je brasse l'atmosphère au moyen de ventilateurs.

J'ai ainsi créé un milieu respiratoire de mille mètres cubes d'air, qui ne contiennent que 230 – 57 = 173 kgs d'oxygène.

C'est ce que contiendraient mille mètres cubes d'air à 5.000 mètres d'altitude, à une température de 20 degrés.

Mais la pression atmosphérique n'a pas changé, puisque l'oxygène disparu a été remplacé par de l'azote supplémentaire.

Il n'y a donc pas de *dépression atmosphérique*, mais une dépression d'oxygène.

Une telle atmosphère offrira au malade tous les avantages d'une cure à 5.000 mètres sans en avoir les inconvénients.

Bien entendu, la cure se fera par étapes : en gonflant le ballon un peu plus chaque jour.

Le malade parti de l'altitude du sanatorium, soit 1.200 mètres – pourrait monter de cent mètres par jour, soit 25 mètres chaque matin et 75 mètres chaque nuit.

Il semble que la montée puisse être rapide, puisque la *pression atmosphérique* resterait constante.

Le seul accident à craindre serait un commencement d'asphyxie, auquel il serait facile de remédier par l'ouverture momentanée d'une fenêtre.

Les malades ainsi traités pourraient monter, en un mois, jusqu'à 5.200 mètres. On les laisserait à cette altitude jusqu'à la disparition complète de tous les symptômes de la maladie.

La descente serait beaucoup plus lente, coupée d'arrêts et d'examens nombreux.

Il est peut-être difficile d'enfermer, pour trois mois ou plus, dix malades qui n'auront à leur disposition qu'une chambre personnelle et une vaste salle commune.

La cure sanatoriale est souvent aussi dure et beaucoup plus longue.

Mais le bacille ? Notre hypothèse ne semble pas en tenir compte.

Nous avons déjà dit qu'à notre avis, qui est celui d'un ignorant, le bacille n'est pas la cause de la maladie. Il n'en est que le résultat.

Cette hypothèse particulière s'appuie évidemment sur une hypothèse générale.

La voici.

Les maladies

La maladie est un état qui diminue l'aptitude à vivre d'un être, et qui aboutit souvent à sa mort.

Il semble logique de classer les maladies en deux catégories.

1° Celles qui viennent du dehors.

2° Celles qui viennent des profondeurs de l'être lui-même.

Les maladies qui viennent du dehors sont des attaques contre un être vivant, dont l'aptitude à vivre est parfaite c'est-à-dire normale.

Ces maladies sont très nombreuses, et leur évolution est très rapide.

Certains des exemples que je vais citer paraîtront ridicules. Par exemple : une locomotive tronçonne et disperse un chef de gare tout entier. Une explosion sépare un artilleur en plusieurs morceaux disparates qui ne peuvent vivre séparés. Une lame d'acier traverse un cœur, c'est-à-dire crève la pompe vitale, ou tranche un cou, c'est-à-dire sépare le cerveau et le bulbe de la mécanique qu'ils commandaient.

Ce sont là des attaques brutales, qui, par des moyens mécaniques arrêtent la vie. Ainsi la sonnerie ne sonne plus parce que le cambrioleur avisé a coupé les fils, qui étaient pourtant tout neufs, et fort judicieusement choisis en ce qui concerne la matière, la section, l'isolant, et la longueur.

Ces attaques peuvent être moins brutales; par exemple le couteau ne perce pas toujours le cœur. Il y a des coups d'aiguilles, et même de simples éraflures, qui sont aussi des maladies venues du dehors. Une épine de rosier au creux de la main, ou une morsure de chien, ce sont des attaques réussies, c'est-à-dire des maladies.

Ces maladies venant de l'extérieur, quand elles ne détruisent pas, d'un seul coup, l'unité de l'être vivant, sont merveilleusement bénignes.

Elles seraient toutes guéries en quelques heures, si nous n'étions pas surveillés, épiés, guettés, par les microbes.

Dès que la défense extérieure de l'être vivant est percée ne fût-ce que par la pointe d'une épingle, les minuscules ennemis entrent dans la place, et tentent d'envahir l'organisme tout entier.

Ainsi le venin du serpent, quand il a traversé la peau, passe dans le courant sanguin, et peut remonter jusqu'au cœur. Il semble que les microbes, prêts à infecter la moindre percée soient le venin de la nature.

Par bonheur, l'être vivant est armé contre eux.

Chaque jour, des millions d'hommes se laissent surprendre par l'attaque d'une épine, d'une aiguille, d'un clou. Chaque jour, l'immense majorité de ces hommes, après une infection de quelques secondes ou de quelques heures, réussit, sans même y penser, à détruire les microbes et à repousser l'infection.

D'autres n'y réussissent pas : ils font des abcès, des phlegmons, des gangrènes, de la rage, du tétanos.

Contre ces graves maladies secondaires, la science moderne dispose d'armes puissantes.

La vaccinothérapie de Pasteur a vaincu la rage d'abord, puis la diphtérie et le tétanos.

Une autre thérapeutique consiste à introduire dans le sang non plus un vaccin, mais un composé chimique qui a le pouvoir de tuer le microbe sans détruire le malade.

La plus grande découverte, en ce domaine, a été réalisée par l'Allemand Ehrlich, qui a supprimé la syphilis. On peut dire que les travaux d'Ehrlich ont complété, de façon magistrale, les travaux de Pasteur.

Enfin, il semble que la médecine moderne ait découvert, depuis quelques mois à peine, deux armes nouvelles : les sulfamides qui détruisent radicalement le pneumocoque, le streptocoque, le gonocoque, et la pénicilline. Il s'agit seulement de mettre au point une médication qui, tout en conservant sa merveilleuse efficacité contre les « coques » respectera les globules rouges ou blancs du malade.

Ainsi, toutes les infections microbiennes secondaires à une maladie externe seront rapidement jugulées par la vaccinothérapie ou les médications chimiques.

En face des maladies venues de l'extérieur, on pourrait dresser une liste des maladies internes, des maladies essentielles, celles qui surgissent des profondeurs de l'être lui-même. Les plus graves et les plus répandues semblent être la folie, le cancer, le diabète, la lèpre, la tuberculose.

En ce qui concerne les trois premières, nul n'a pu jusqu'ici isoler le microbe qui, selon la théorie Pasteurienne, serait leur cause. Pour les deux dernières, le bacille de Koch et celui de Hansen sont parfaitement connus, mais leur découverte n'a pas fait avancer d'un pas les méthodes de guérison.

Ces grandes maladies, tout comme les maladies externes peuvent être accompagnées par une infection microbienne. Mais le microbe n'est pas un assassin, ce n'est qu'un fossoyeur.

J'ai connu, il y a vingt ans, un diabétique : il souffrait d'une écorchure au pied.

Il avait eu un petit abcès, aussitôt percé; mais ce petit abcès, malgré les soins les plus minutieux, ne guérissait pas : les lèvres de la plaie, au lieu de se rejoindre, s'écartaient chaque jour davantage. Les antiseptiques les plus efficaces, en détruisaient les streptocoques et les staphylocoques. Deux heures plus tard, la suppuration recommençait, et la plaie ne se fermait pas, parce qu'il était diabétique. A travers sa chair sans défense, l'infection fusa et se propagea. Il mourut en quelques jours, après sa jambe.

Nous avons dit, et nous disons encore qu'il est mort d'un abcès au pied, parce que nous avions soigné de notre mieux cette blessure irréparable, avec tous les moyens connus. Nous savons aujourd'hui que trois piqûres d'insuline l'auraient guéri en quelques jours, et que la plaie et les microbes n'étaient que la preuve extérieure de sa maladie véritable : les microbes mangeaient sa jambe pendant qu'il mourait du diabète.

Notons ici une remarque qui nous semble importante :

1° Lorsque l'infection microbienne est secondaire à une maladie externe (syphilis, diphtérie, rage, tétanos, phlegmon etc.) cette infection est très souvent guérissable parce que la maladie primaire (éraflure, angine, morsure, piqûre) est déjà guérie.

2° Lorsque l'infection microbienne est secondaire à une maladie interne, cette infection se développe parallèlement à la maladie primaire.

Dans ce cas, elle semble résister à tous les traitements et elle paraît invincible.

Je prétends qu'en réalité l'infection combattue, et peut-être vaincue chaque jour, renaît chaque jour, tant que la maladie primaire n'est pas guérie.

Ces maladies profondes, ces maladies de l'être, nous n'avons pas le droit de dire qu'elles ont résisté à toutes les attaques de la médecine. En réalité, elles n'ont jamais été décrites, ni localisées, ni même nommées. A cause du grand Pasteur, à cause du Microbe, la médecine semble avoir pris l'effet pour la cause et n'a jamais soigné que des effets.

Il serait temps que la médecine moderne, oubliant les mangeurs de viande morte, se mette à rechercher la vraie cause des grandes maladies. Il semble qu'une hypothèse de départ est nécessaire : j'en donne une, assez timidement.

Les grandes maladies (cancer, lèpre, diabète, folie, tuberculose) sont des maladies nerveuses.

Cette expression est bien vague, évidemment; mais elle n'est pas plus ridicule que la doctrine du morpion dévorant, qui mange l'homme tout vivant.

Résumé de l'hypothèse sur la tuberculose pulmonaire

I. – Le tuberculeux est un malade qui brûle trop vite, parce qu'il absorbe trop d'oxygène. La cause de la maladie est un dérèglement ou un dysfonctionnement du centre nerveux respiratoire.

II. – Le bacille n'est pas la cause de la maladie. Ce n'est qu'un parasite, qui se fixe sur les brûlures pulmonaires causées par la suroxygénation. Il ajoute, à la tuberculose, la bacillose, qui est une maladie secondaire.

Preuves :

1° Il y a des tuberculeux sans bacilles.

2° Auguste Lumière a définitivement démontré que des milliers de médecins et d'infirmières peuvent vivre de longues années au milieu de tuberculeux dont la maladie est en pleine évolution. On peut découvrir sur les lèvres de ces médecins et de ces infirmières, des bacilles de Koch : ces médecins et ces infirmières ne deviennent presque jamais tuberculeux.

3° La Tuberculine a échoué.

III. – Les autres formes de la tuberculose – des reins, de l'intestin, des os, des méninges – sont improprement appelées tuberculoses : ce sont des bacilloses. Elles sont probablement consécutives à une tuberculose pulmonaire guérie, parfois sans avoir été décelée.

IV. – Pour guérir le tuberculeux, nous proposons une méthode d'asphyxie contrôlée et dirigée, qui n'est qu'un perfectionnement du sana, du pneumo-thorax, de la collapsothérapie. Dès que les progrès de la maladie auront été artificiellement arrêtés; dès que les dégâts antérieurs auront été réparés, je propose de soigner le centre respiratoire par la quinine ou par d'autres antipyrétiques.

PRINCIPE DE L'APPAREIL

Un homme normal respire 15 fois par minute. A chaque temps respiratoire, il expire 0 l. 500 d'air usé, il inspire 0 l. 500 d'air neuf : soit 0 l. 500 × 15 = 7 l. 500 à la minute, soit 450 litres à l'heure.

L'air neuf, avant de parvenir au contact de la muqueuse pulmonaire, est réchauffé par les voies respiratoires nez, fosse nasale, pharynx, larynx, bronches. Quand cet air est usé le sujet le rejette dans l'atmosphère avec la chaleur qu'il contient, c'est-à-dire à une température de 36 °C.

Quelle est la quantité de chaleur ainsi rejetée dans l'atmosphère ?

Soit un soldat en sentinelle par un froid de – 20 °C.

En une heure, il aura inspiré 450 litres d'air à – 20°, et il les aura rejetés à + 36°.

Combien de calories aura-t-il ainsi perdu ?

450 l. d'air pèsent environ 450 × 1,2 × 540 grammes.

La chaleur spécifique de l'air est de A, c'est-à-dire qu'il faut A calories pour élever de 1 degré la température de 1 gramme d'air *.

* *La valeur de la constante A, ainsi que celle de X, se trouvent dans tout bon manuel de physique et de physiologie. En remplaçant les lettres par leurs valeurs réelles et en refaisant les calculs, le lecteur pourra trouver l'importance de l'économie de calories, symbolisée par Y... – N.d.E.*

Pour élever de 56 degrés la température de 540 grammes d'air, il faut donc 56 × 540 × A calories.

Ainsi donc, le militaire en faction par une température de – 20 °C, perd sans aucun profit 56 A × 540 × 20 calories par heure. Quand on songe que la ration alimentaire normale est de X calories par jour, on comprend pourquoi le froid ouvre l'appétit, et pourquoi, au-delà de certaines limites, il tue les animaux à sang chaud.

Il est certain que le militaire a besoin de respirer, et qu'il est forcé de rejeter l'air usé. Mais il y a un moyen de rejeter cet air sans rejeter la chaleur qu'il contient : il suffira de faire respirer le sujet à travers un échangeur de températures.

En sortant, l'air usé cédera sa chaleur à l'air neuf qui entre.

Pour un homme forcé de dormir en plein air dans l'Alaska, à – 20 °C, l'économie, pour huit heures de sommeil, sera de Y calories.

Nous sommes persuadés qu'à cause de cette économie, il ne ressentira aucun effet du froid, ni aux mains, ni aux pieds.

Nous croyons en effet que le froid aux pieds – qui va jusqu'à geler ces membres – n'est pas dû à la pénétration du froid à travers des bottes en peau de phoque, et de triples bas de laine, mais au fait que l'organisme concentre désespérément sa chaleur sur les poumons, qui doivent être sauvés les premiers. Si donc les poumons n'avaient pas à lutter contre le froid, les pieds, bien protégés, n'en ressentiraient pas les atteintes.

Pour équiper des soldats, il convient de fabriquer des échangeurs de températures qui puissent s'adapter au masque à gaz.

Ils rendront les plus grands services pour les factions, le sommeil, les marches dans la neige ou la conduite des camions.

SIMILIA SIMILIBUS CURANTUR

Les homéopathes traduisent :

« Les maladies sont guéries par des remèdes qui leur ressemblent », c'est-à-dire « qui produisent sur le malade les mêmes effets que la maladie ».

Cette traduction me semble peu satisfaisante : elle flotte entre le faux-sens et le contre-sens.

Voici ce que j'aurais dit à mes élèves de quatrième, aux temps où j'enseignais le latin au collège de Tarascon.

« Similia ». C'est le nominatif pluriel neutre de l'adjectif similis, qui signifie semblable, pareil, assimilable, du même genre. Similia veut donc dire « Les semblables », et puisque c'est un neutre, « Les choses semblables ».

Curantur. 3e personne du pluriel, au présent, et au passif du verbe curare, guérir. Le sujet de ce verbe est sans aucun doute similia. Nous ne pouvons le traduire autrement que par « sont guéris », ou « guéries ».

Similibus. Datif ou ablatif pluriel de similis. « aux choses semblables » ou « par les choses semblables ».

Le datif ne donnerait aucun sens à la phrase. Nous optons donc pour l'ablatif et nous trouvons :

« Les choses semblables sont guéries par les choses semblables. »

De quelles choses s'agit-il ? Le mot latin, n'étant qu'un adjectif, les qualifie, mais ne les nomme pas : mais le verbe ne nous laisse aucun doute. « Sont guéries. » Quelles sont les choses qui peuvent être guéries ? Évidemment, les maladies.

Nous avons donc déjà, sans erreur possible, « Les maladies semblables, (ou de la même espèce, du même genre, de la même famille) sont guéries par les choses semblables. »

Quelles sont donc « ces choses » qui guérissent les maladies ? Évidemment, il s'agit de remèdes, d'une thérapeutique.

La traduction exacte serait donc :

« Les maladies semblables sont guéries par des remèdes semblables. »

Encore une question, la plus importante :

« Semblables » à quoi ?

Il semble tout à fait clair que la traduction finale est :

« Les maladies semblables entre elles sont guéries par des remèdes. » Semblables entre eux. Ou mieux : « Les maladies de la même famille sont guéries par des remèdes analogues ».

Nous voilà bien loin de l'extravagante traduction homéopathique.

Tout ceci, bien entendu, n'est en aucune façon une condamnation de l'homéopathie : il ne s'agit que de latin. Mais il est bien surprenant qu'une doctrine qui a fait ses preuves, et qui constitue une très importante partie de l'Art Médical, soit fondée sur une traduction aussi discutable.

ÉPIDÉMIES

Dans une ville, ou dans une région, une maladie est connue, elle y fait chaque année un petit nombre de victimes. On sait la soigner, on sait prendre les précautions qui permettent d'éviter la contagion. Ce sont les maladies dites endémiques : ce ne sont pas les mêmes selon les points du globe que nous considérons.

Nous dirons – sans aucune preuve – que ces maladies sont dues aux radiations provenant du sous-sol du lieu considéré.

Ces maladies sont nombreuses.

Il est a remarquer qu'elles frappent très souvent, avec une extrême violence, les hôtes de passage. Nous dirons que ces voyageurs, dont la substance n'a pas été formée en ce lieu, ne peuvent supporter des radiations nouvelles pour eux, et que le déséquilibre soudain de leur système nerveux (je parle des centres végétatifs) – les livre sans défense aux microbes du pays – microbes nés dans ces radiations, et formés modelés, et peut-être animés par ces ondes.

Or, il arrive parfois que la maladie endémique prenne tout à coup la forme épidémique. Alors, les indigènes eux-mêmes sont frappés, avec une violence soudaine, par ce mal contre lequel on les croyait immunisés, et des milliers d'entre eux périssent en quelques semaines.

Le début d'une épidémie est donc un phénomène étrange, et dont personne encore n'a pu donner une explication satisfaisante.

La théorie Pasteurienne se flatte de l'expliquer fort simplement. Elle dit : « Il y a eu la peste à Marseille en 1720, et cent cinquante mille personnes en sont mortes, parce qu'un navire machand y apporta des tapis d'Orient qui contenaient le microbe de la peste. »

Cette explication est intéressante et il est certain que l'arrivée de ce bateau a joué un rôle important dans l'explosion soudaine de la catastrophe. Mais ce rôle ne peut être considéré comme déterminant.

En effet, le port de Marseille a reçu, au cours des siècles, des centaines de navires qui portaient dans leurs flancs, et dans la matière même de leur cargaison, le microbe de la peste : l'épidémie n'a éclaté que deux fois.

D'autre part, s'il est surprenant qu'une épidémie éclate, il est encore plus surprenant qu'elle s'arrête avant d'avoir dévasté toute la planète.

Certes, notre esprit nous porte, inconsciemment, à une sorte de mythologie, de personnification des fléaux que nous ne comprenons pas. Certains pensent obscurément – et d'autres écrivent fort clairement – que le Démon de la Peste a fait grâce aux survivants parce qu'il était rassasié de victimes. D'autres croient que le fléau, envoyé par la colère de Dieu, a été rappelé par sa bonté. D'autres enfin acceptent la disparition du fléau avec joie, et sans poser de questions.

Nous allons en poser quelques-unes.

Si l'arrivée de cinquante tapis pesteux suffit à déclencher une épidémie foudroyante, comment le fléau peut-il s'arrêter lorsque les vingt mille tapis de la ville sont devenus pesteux à leur tour ? Lorsque le sol des cimetières, des jardins, et même des rues recouvre cent cinquante mille cadavres gonflés de sanie pesteuse, et de pus pesteux ?

L'arrêt de toutes les épidémies démontre, de façon éclatante, que le microbe n'est jamais la seule cause du fléau, et l'expérience nous prouve qu'une épidémie est presque toujours limitée dans l'espace. La peste de Marseille n'a pu atteindre ni Paris ni Bruxelles, celle de Londres n'a pas touché l'Écosse, le choléra de Naples n'a pas inquiété Rome.

V

LA TERRE

LA MORT

La mort est un phénomène illogique. Un corps lancé à travers l'espace, si aucune résistance ne le freine, ne s'arrêtera jamais.

Pourquoi la vie, qui commence par un mouvement d'une grande violence, s'arrête-t-elle ?

La vie commence par un mouvement d'une grande violence, mais qui semble uniformément ralenti.

La croissance de l'ovule, dans les premiers jours de la fécondation, fait penser à l'explosion provoquée par le rapprochement de deux masses d'uranium 235.

La rapidité de croissance décroît très vite, mais cette décroissance décroît elle-même à mesure que la croissance se ralentit.

Quelle est la cause de ce ralentissement ? Nous répondons aussitôt : c'est que la force vitale s'épuise, et nous pensons à une bouteille qui se vide, à un compte en banque qui tombe à zéro, etc. à force de dépenser de l'argent, il n'en reste plus...

Nous pensons que l'être, pour arriver à l'état adulte, a dépensé toute cette force, et c'est pour cette raison qu'il ne grandit plus.

On peut mieux dire que la force vitale a rencontré une force ou des forces antagonistes. Elle en a triomphé jusqu'à un certain point, et la croissance a continué malgré ce freinage, qui était probablement constant.

Un moment vient où les forces contraires sont égales à la force vitale, diminuée par son effort pour les vaincre. La croissance s'arrête, mais l'être créé subsiste.

Il subsistera une dizaine d'années, s'il s'agit d'un homme, sans changement notable, si ce n'est une augmentation de poids : sa force vitale équilibrera les forces opposées, mais elle sera peu à peu vaincue, et l'être finira par succomber à cette longue série de déchéances que nous appelons la vieillesse.

Je veux dire par ce qui précède que la mort ne fait pas partie de la vie, et que la vie ne s'éteint pas d'elle-même, comme une flamme qui s'éteint faute de combustible : la force vitale s'est usée contre des forces opposées, comme la force vive de la flèche s'use contre la résistance de l'air.

Qu'est-ce qui peut nous tuer ? Très certainement, des radiations qui traversent notre milieu. On parle de rayons cosmiques : il me semble qu'on les fait venir de bien loin, et il y a peut-être un peu de vanité à vouloir être tué par l'Univers. Je crois plus simplement que c'est le rayonnement terrestre qui est la cause de notre mort.

Mais alors, pourquoi la vie serait-elle née sur ce globe meurtrier ?

Parce qu'il ne l'a pas toujours été. Toutes les religions, toutes les légendes parlent de vie éternelle, de races de géants, d'âge d'or... Il ne s'agit peut-être pas de rêveries. Puis, un jour, de nouvelles transmutations se sont amorcées, d'où sont sorties les radiations mortelles.

Nous pouvons dire :

Sur la terre, on meurt.

Cela ne veut pas dire que l'on meure sur Mars ou Saturne.

La Terre est peut-être la seule planète de la mort.

LA TERRE

Nous avons longuement regardé le ciel, je veux dire pendant des siècles, parce qu'il est transparent. Nous n'avons encore jamais regardé sous nos pieds, parce que nos yeux ne traversent pas la matière qui constitue le globe terrestre. Nous ignorons absolument et parfaitement ce qu'il contient.

Les sondages les plus profonds ont été réalisés par les chercheurs de pétrole en Amérique, par les chercheurs d'eau salée en Chine centrale. Aucun, jamais, n'a pu atteindre 4 000 mètres.

D'autre part, le diamètre de ces sondages est très faible – et si nous admettons, avec une très grande générosité, que l'homme a creusé dans l'écorce terrestre cent mille trous de 4 000 mètres, et d'un mètre de diamètre, nous pourrons dire que l'ensemble de ces trous ne couvrirait pas dix hectares, c'est-à-dire un carré de 320 mètres de côté.

Si nous réduisons la terre aux dimensions d'une grosse orange, de 10 cm de diamètre, nous aurons réduit celles du trou à une piqûre d'aiguille, dont la profondeur ne dépasserait pas 16 dixièmes de millimètres.

Notre connaissance vraiment expérimentale de la constitution du globe est donc presque négligeable.

Nous croyons – sans aucune preuve scientifique – que l'intérieur de notre globe est semblable, dans sa composition, à la très mince croûte qui nous est connue.

Nous admettons sans doute que le sein de la terre recèle, parmi tous les corps que nous connaissons, d'autres corps encore inconnus de nous. Mais il nous paraît incroyable qu'il puisse exister, vers le centre, ou seulement à 100 km de la surface, des métaux d'une densité d'une tonne, ou de dix tonnes, ou de cent tonnes au dcm^3. Ce n'est pourtant pas impossible, et toute la science du monde ne peut prouver la non-existence de tels corps.

Pour l'hypothèse du « feu central », il semble qu'elle ne soit plus soutenable. Son seul mérite était d'expliquer l'existence des volcans, considérés comme des furoncles. La terre avait la fièvre, et soudain une crise de température provoquait l'éruption d'un volcan, ce qui soulageait grandement la pauvre malade.

Ce que nous savons aujourd'hui de la radio-activité de tous les corps, et de leur désintégration soudaine dans certaines conditions, suffit à expliquer les éruptions volcaniques, et la « mer de feu » qui clapotait au centre de la terre est aujourd'hui aussi comique que la « Physique » de Voltaire.

La terre est une boule de matière, légèrement aplatie aux pôles, et dont la densité moyenne est représentée par le chiffre 2, 5.

Ce chiffre nous permet de supposer que les corps lourds (uranium, tungstène, or, argent, fer) ou extra-lourds (métaux inconnus) ne s'y trouvent qu'en petites quantités.

Mais ces quantités, que nous appelons « petites » par rapport au volume total de notre globe, sont sans doute énormes par rapport à l'homme lui-même.

Comment sont répartis les divers corps? Précisément, nous n'en savons rien à partir de 3 000 mètres de profondeur; nous avons quelques renseignements jusqu'à sept ou huit cents mètres; nous sommes assez savants sur la croûte paysanne.

Cette science nous permet d'affirmer que la surface de notre globe est tout à fait hétérogène.

Nous savons d'abord que d'immenses régions sont couvertes d'une grande épaisseur d'eau minéralisée, puisque les océans et les mers occupent les deux tiers de la surface terrestre.

Nous savons aussi que certaines régions contiennent d'importantes masses de fer, ou de charbon, ou de pétrole, ou de sel, ou de cuivre, ou de nickel, tandis que d'autres régions sont recouvertes d'une très épaisse couche de sable, ou de lœss, de granit, ou de calcaire.

Les récents progrès de la science nous permettent d'affirmer que tous les corps émettent des radiations; ces radiations sont plus ou moins puissantes, et leurs longueurs d'ondes sont différentes. Il est donc certain qu'un être qui est né et qui vit sur une grande masse de sable ne subira pas les mêmes influences que celui qui est né et qui vit sur une grande masse de plomb.

Il boit de l'eau radiante. De plus, cet être se nourrit de légumes, de fruits, de moutons et de bœufs qui ont subi les mêmes radiations que lui, et sa nourriture même tend à le confirmer dans ce qu'il est. Je veux dire qu'un être bleu qui ne consommerait que des nourritures bleues ne risquerait pas de rougir.

Ici, intervient le raisonnement scientifique, grandeur et faiblesse de l'homme.

Il nous dit :

« La terre est une sphère qui tourne sur un axe. On peut donc la considérer comme à peu près homogène. »

Mais il convient de remarquer que la terre ne tourne pas rond, et qu'elle se balance sur son axe. Ce balancement peut être dû à un déséquilibre des masses qui tournent autour de cet axe, et l'on pourrait en conclure qu'il y a quelque part, à l'intérieur de cette sphère, un bloc plus lourd – ou plus léger – que le reste.

D'autre part, même si la rotation de la terre avait lieu autour d'un axe, à direction immuable, ce fait ne prouverait nullement l'homogénéité de la matière qui le compose. Le fait que les deux plateaux d'une balance s'équilibrent parfaitement ne prouve pas qu'ils sont chargés de deux portions d'une matière homogène : un mélange d'aluminium et d'uranium peut parfaitement équilibrer un lingot de plomb.

Notre rêverie est donc la suivante. Le globe terrestre n'est pas homogène. Les preuves de cette hypothèse se trouvent dans le fait que les très grandes différences que nous constatons entre les espèces de plantes, les espèces d'animaux, les races d'hommes. Ces différences ne peuvent s'expliquer par les différences des climats aériens. Ce n'est pas le climat aérien de la Chine qui fait que les Chinois sont jaunes, ce n'est pas le soleil de l'Afrique qui fait que les nègres sont noirs. (Ils devraient être blancs.)

D'autre part, si la température sur terre ne dépendait que du ciel, les lignes isothermes, c'est-à-dire celles qui relient tous les points du globe dont la température moyenne est la même, se confondraient avec les parallèles, ce qui n'est pas le cas.

Enfin, cette activité souterraine est variable selon le temps et le lieu.

Dans une période de calme de l'activité souterraine, d'énormes glaciers descendent sur l'Europe.

Au bout de plusieurs centaines de siècles, ils reculent, puis disparaissent. Comme l'Europe n'a pas changé de place sur le globe, que l'axe du monde n'a pas changé de direction, c'est qu'il s'est passé quelque chose dans le sol même qui les portait. Il est d'ailleurs facile de constater que c'est la surface inférieure du glacier qui fond continuellement : la preuve, c'est qu'on retrouve entouré de glace, près du sol rocheux, le cadavre de l'alpiniste qui mourut à la surface, vingt ans plus tôt.

Cette théorie [du feu central) a eu cours jusqu'à nos jours. Pourtant, à mes yeux de profane, elle paraît absurde et ridicule.

Nous savons en effet que la chaleur va toujours de la source chaude à la source froide.

Une boule de 12 000 km de diamètre, qui est enveloppée d'une écorce de 60 km d'épaisseur, peut être représentée en miniature par une boule de 20 cm, recouverte d'une pellicule de 1 mm. Ceci dit pour fixer les idées, mais non pas pour servir de base à des calculs.

Nous constatons que la surface du globe garde une température moyenne de 15°. Comment admettre qu'une croûte de 60 km peut isoler cette surface, depuis des milliers de siècles, d'un noyau de 12 000 km à plus de 1 800° ? Même si cette croûte était composée de matériaux calorifuges, la surface de notre globe serait sans aucun doute inhabitable, et la plupart des corps qu'elle contient seraient à l'état liquide ou gazeux.

Un physicien, a qui j'ai posé le problème, a bien voulu me

dire que théoriquement, par conductibilité et par convection, en moins de X ans, toute la boule serait à X degrés.

Il est bien étrange qu'un calcul aussi simple n'ait jamais été fait, car il démontre de façon éclatante l'absurdité de la théorie de la boule de feu.

Il reste une constatation importante : la température croît de 1° à mesure qu'on s'enfonce dans la croûte terrestre, disait-on, par 30 mètres. On s'est aperçu depuis longtemps qu'il ne s'agit nullement d'une loi, que les résultats sont toujours très différents de la théorie, et que le degré géothermique change selon le lieu du sondage.

Cependant, on constate toujours une augmentation de température : c'est la preuve d'une activité profonde et puissante, dont la nature nous est inconnue. En l'absence d'atmosphère, il ne peut s'agir de feu, à moins que l'oxygène ne soit présent sous une autre forme. Il s'agit plus probablement de désintégrations et de transformations de certains corps, désintégrations dont la vitesse est variable, sans doute selon les corps, et selon leur âge. Il semble que cette activité soit parfois exaltée par la présence de l'eau, puisque tous les volcans sont au bord des mers, au bord des lacs, ou dans des îles.

La troisième « preuve » du feu central, ce sont les plissements de la croûte terrestre. On nous dit « A mesure que la terre se refroidit, elle se contracte, et son enveloppe devient trop grande. »

Notons d'abord qu'on nous dira tout à l'heure que la terre ne se refroidit pas, mais qu'elle se réchauffe, ce qui explique la disparition des glaciers en Europe. Notons ensuite que les chaînes de montagne peuvent être expliquées tout aussi bien par des chaînes d'explosions souterraines.

Ces trois grandes preuves ne prouvent donc en aucune façon l'existence du « feu central ». Mais elles prouvent cependant que la terre n'est pas une grosse boule de matière inerte, et qu'elle est animée d'une activité profonde, puissante, et continue.

Quelle est la cause de cette activité ?

Nous savons depuis peu que les minéraux ne sont pas morts, et que leur stabilité n'est qu'apparente. Tous les corps émettent des radiations, se désintègrent, et se transmutent. Nous pouvons désormais saisir sur le fait l'activité de quelques-uns d'entre eux, comme le radium et l'uranium, dont l'activité se manifeste dans un temps à notre mesure. Mais si nos secondes duraient mille ans, nous entendrions crépiter tous les corps, et le plomb lui-même nous paraîtrait environné d'étincelles.

L'activité interne du globe terrestre est due à cette vie minérale, qui est continue, mais qui n'est pas constante. Quand un corps a fini sa transmutation le corps nouveau en commence une autre, peut-être plus rapide, peut-être plus lente; et rien ne nous empêche de penser qu'après une longue série de transmutations, un corps revient à son état primitif, et que le cycle recommence.

Ainsi, je vois la terre comme une grosse boule chevelue d'ondes et de radiations qui ne tombent pas sous nos sens, et qui changent continuellement de longueurs d'onde et de puissance.

Nous voyons, avec nos yeux d'hommes, les taches et les éruptions du soleil.

RADIATIONS

Nous n'avons encore aucun moyen de déceler les radiations du cuivre, de l'aluminium, de la silice, etc. Nous n'avons aucun appareil qui nous permette de mesurer, de contrôler, ni même de déceler le courant nerveux, dont nous voyons pourtant les effets.

Il nous reste cependant un moyen de prouver l'existence de ces radiations, de ces ondes, de ces courants : c'est l'observation des êtres vivants, leur comportement, leurs réactions.

Nous savons aussi que diverses radiations ont une action contrôlable sur la matière qui compose les êtres vivants. La bombe atomique en fait la preuve d'une façon grossière et brutale, au moment de son explosion. Ce qui est beaucoup plus intéressant, et beaucoup plus grave, c'est que l'effet mécanique de cette explosion semble n'être que sa moindre action sur nous, car il ne dure qu'une fraction de seconde, et que l'action des particules radioactives, pendant des mois et des années, peut amener la mort ou la déchéance des créatures qui y furent exposées.

Les grands coupables, nous dit-on, sont les rayons gamma : quand leur intensité est trop faible pour tuer, leur action reste cependant nocive : ils rendent stériles les êtres vivants; à une dose encore moindre, ils ont une action sur les « gènes », et peuvent provoquer des « mutations », c'est-à-dire d'importants changements physiques dans les générations suivantes.

Il ne me semble pas absurde de soutenir que les rayons, quelle que soit leur nature, ont toujours une action sur la matière vivante, et que cette action est sans doute proportionnelle à leur intensité, et à la durée de l'exposition.

Or, puisque notre esprit, notre rayon, notre tempérament dépendent de l'état de notre système nerveux, je crois qu'il est possible d'affirmer que les caractéristiques d'une race et d'une civilisation ont un rapport direct avec l'intensité, la fréquence, la qualité et la durée des radiations qui sortent du sol ou qui tombent du ciel sur son habitat.

Il semble évident que la nature de ces radiations dépend de la nature des corps qui composent ce sol, de leur masse totale, et de la profondeur à laquelle ils sont enfouis.

Il semble aussi évident que l'influence de ces radiations ne peut être constante.

Elles sont en effet produites par des transmutations, c'est-à-dire des changements d'état.

L'uranium, par exemple, se transforme en radium, qui est beaucoup plus actif, en 2.500 ans.

Une civilisation établie sur des masses de minerai d'uranium sera donc certainement détruite en 2.500 ans.

Bien entendu, cet exemple est grossièrement simpliste : mais on peut supposer que la transmutation souterraine de quelques poches d'uranium en radium, puis de radium en plomb, provoquera, chez la race qui habite la surface, des transformations dans la physiologie, le tempérament, et les forces intellectuelles.

En même temps, le sol se dessèche, les roches deviennent poussière, les pluies, qui semblent repoussées par le rayonnement, s'écartent, et les prairies deviennent déserts.

Nous pensons que les changements de climats se produisent à la surface de la terre, et dans le ciel. Or, il est possible de soutenir que tous les changements visibles sont le résultat de changements invisibles, qui ont lieu à l'intérieur du globe, ou dans les astres.

Il nous semble bien audacieux d'invoquer des révolutions cosmiques pour expliquer les modifications survenues sur l'un des plus petits astres de l'univers : c'est nous donner beaucoup trop d'importance, et l'éclatement d'un pneu ne suppose pas la désintégration préalable de toute la voiture.

Nous continuons à raisonner comme la Bible : Dieu fit la terre en cinq jours, et le sixième jour, il fit le Ciel!

Il est raisonnable de supposer qu'au cours des millénaires, une transmutation interne a modifié le rayonnement de notre planète : à cause de l'apparition de radiations nouvelles, ou de l'affaiblissement des radiations anciennes, les gènes des grandes espèces ont été stérilisés, ou simplement modifiés. Ce fut la cause de la disparition de certaines espèces, ou du rapetissement et de la transformation de certaines autres.

Nos savants nous disent aujourd'hui que nos explosions nucléaires mettent en grand danger l'avenir de notre espèce, le soleil n'étant qu'un très petit astre du Ciel (spécialement fabriqué pour Nous éclairer et Nous chauffer).

C'est pourquoi, le Ciel étant six fois moins important que la terre, et spécialement fabriqué pour la chauffer, il peut se dérégler plus facilement que la terre, comme la lampe à pétrole de mon grand-père, dont la flamme s'allongeait brusquement, ou qui se mettait à charbonner sinistrement. D'ailleurs, la terre n'est pas déréglable; Dieu a travaillé six jours à sa mise au point, et nous savons bien, par Notre expérience, que la matière qui constitue l'obélisque de la Place de la Concorde n'a pas changé depuis six mille ans.

Il ne s'agit pas là d'hypothèses, de raisonnements mathématiques, ou d'extrapolations. Il s'agit du résultat d'observations et de constatations, faites sur des survivants d'Hiroshima ou de Nagasaki, et d'expériences de laboratoire, faites sur des grenouilles ou des insectes.

Par rapport aux forces de la nature, nos explosions atomiques sont ridiculement faibles, et leur action est extrêmement courte. Quels peuvent être les résultats de la désintégration continue, pendant des centaines de siècles, de plusieurs millions de tonnes d'un corps quelconque?

NOTES SUR LA GÉOLOGIE ET LES RADIATIONS

J'ai le plus grand respect pour l'intelligence, l'énergie, et le courage, le désintéressement des savants. Mais la lecture attentive des manuels de physique ou de chimie du 18e ou même du 19e siècle est extrêmement surprenante.

Il est certain que ceux qui les rédigèrent transmettaient à leur génération les découvertes et les hypothèses d'esprits supérieurs, et qu'ils étaient eux-mêmes des hommes de grande valeur. Cependant, ils ont cru passionnément à des théories parfaitement fausses, et ils ont enseigné longuement avec une insolente certitude, de monumentales erreurs. Il est probable que nos maîtres d'aujourd'hui – et je veux parler des meilleurs – sont dans le même cas : il est certain que le gaz parfait n'est sans doute que la dernière pétarade de la jument de Roland.

Bon nombre de théories modernes s'effondreront avant la fin de ce siècle et nos explications de certains phénomènes feront rire nos petits-enfants. C'est pourquoi, si je respecte le savant, je ne respecte pas la Science, je veux dire que je ne la crois pas définitive, intangible, sacrée, et il me semble qu'il est permis au bon sens de lui poser des questions sur les grands problèmes, et même de formuler, modestement, des hypothèses.

Il n'est pas jusqu'à nos mesures, faites cependant avec le plus grand soin, qui ne se révèlent fausses au bout de quelques années.

J'ai appris, dans ma jeunesse, que la température critique de l'eau était de 365° celsius, et sa pression critique de 200 atm. 500.

Voilà que ces deux « constantes » nous révèlent leur inconstance : elles sont grimpées à 374°, et 225 atmos.

L'idée que la terre fut d'abord gazeuse ne repose sur rien d'autre que la forme de notre esprit.

Nous voulons un commencement à tout en partant de zéro. C'est évidemment un vice de notre raison, car de zéro rien ne peut sortir. Un mot comme le Néant n'a aucun sens, malgré la majuscule par laquelle nous essayons de lui donner une réalité solennelle. Cependant, notre esprit ne peut se passer de cette impensable notion.

Pour rapprocher du Néant le point de départ de l'univers, nous admettons avec plaisir que les astres furent d'abord une masse infinie de gaz extrêmement subtils, peu à peu divisée en masses plus denses, qui devinrent des vapeurs, lesquelles se condensèrent en liquides, solidifiés plus tard par un abaissement de la température. C'est là notre façon de rattacher le granit au Néant, et d'expliquer la création de notre monde.

Humain, trop humain.

Mais alors, quelle explication puis-je offrir de la Création ? (Encore une majuscule.) Ma foi, je ne l'explique pas : je me borne à constater humblement son existence. Je serais d'ailleurs d'avis que nous avons plus de cinq sens, et que notre capacité d'apprécier les forces – dont la principale est la pesanteur –, constitue un véritable sixième sens, puisqu'un être privé des cinq autres pourrait cependant apprécier des poids.

Il est certain que notre raison, en appréciant et en coordonnant les données de nos sens, est allée plus loin que chacun d'eux, et que la science des hommes, comparée à celle des autres créatures vivantes, est un admirable monument.

Mais lorsque nous tirons les conclusions d'une expérience, il est très probable que nous ignorons la majeure partie du problème, et que l'expérimentateur est souvent dans la position d'un sourd-muet de naissance chargé de rendre compte de l'exécution d'une symphonie de Beethoven par les concerts Lamoureux.

COMPOSITION DU GLOBE TERRESTRE

Quelle est la composition de la Terre? Nous n'en savons que très peu de chose, car nos explorations de l'intérieur de la planète se réduisent à quelques milliers de sondages dont la profondeur est pratiquement négligeable.

Il est remarquable que l'homme n'ait jamais entrepris un sondage « d'informations ». C'est en poursuivant le charbon, en cherchant l'eau ou le pétrole qu'il s'est enfoncé dans la croûte terrestre : il semble attiré par le ciel, tandis qu'il a peur de la terre : depuis des millénaires, les Dieux sont au ciel, tandis qu'on « descend » aux enfers. Depuis des siècles, l'homme s'élance à la conquête des montagnes, tandis que la race des spéléologues est née vers 1910.

Ils sont descendus jusqu'à 1 000 mètres, en explorant des cavités naturelles. Les mines ont atteint 2 000 mètres, les puits de pétrole sont allés jusqu'à 3 000. Certes, nous avons pu recueillir ainsi de très précieux renseignements sur la composition de la pellicule qui enveloppe le globe terrestre. Nous avons découvert 97 corps simples, ou que nous croyons simples. Mais un puits de 3 000 mètres, qui descend le long d'un rayon de 6 000 kilomètres, n'est rien de plus qu'une très légère piqûre d'épingle sur la peau d'une orange. D'autre part, les diamètres de ces puits sont à la mesure humaine : 0 m 60 pour les puits de pétrole, un à trois mètres pour la recherche de l'eau, 15 à 20 mètres pour les mines. Même si les hommes ont creusé cinq cent mille trous, le volume exploré est ridiculement faible par rapport à la masse du globe. Les véritables expériences sur lesquelles repose notre connaissance de la terre, c'est-à-dire notre géologie, ne prouvent pas grand-chose.

Par bonheur, les astronomes sont venus au secours des géologues, et ils nous ont appris que la densité moyenne de notre planète était de 5,87. Ce précieux renseignement nous permet d'affirmer que le globe n'est ni une boule de fer, ni une boule d'aluminium. Il n'est pas non plus une sphère creuse, pleine d'eau, de mercure, ou d'air. C'est un mélange de divers corps simples, ou que nous croyons simples. Nous en connaissons déjà 97, que nous avons retrouvés dans les astres, au bout du spectroscope. Il en existe probablement beaucoup d'autres, et sans doute très différents de ceux que nous connaissons.

Comment ces corps sont-ils répartis, à l'intérieur de la sphère ? Nous n'en savons rien. Nous savons seulement que la Terre tourne à peu près rond, c'est-à-dire qu'elle est équilibrée, ce qui prouve qu'elle n'est pas faite d'un hémisphère de métaux accolé à un hémisphère de métalloïdes. Mais c'est tout ce que nous pouvons dire. Et je pourrais affirmer qu'il existe sous l'Europe, à 200 kms de profondeur, une énorme masse de plomb, parfaitement équilibrée par une masse de fer, qui se trouve sous l'Australie, à 100 klms de profondeur : un congrès de savants ne pourrait démontrer l'absurdité de mon affirmation.

Nés de la terre, nous vivons de sa vie. Un homme transporté hors de son champ d'attraction mourra aussi sûrement qu'un arbre déraciné.

LA GÉOGRAPHIE

Une autre science va nous fournir de très précieux renseignements : la Géographie, qui est l'étude de la surface du Globe. Le géographe est – depuis peu – un savant bien informé : il a pu faire toutes les explorations, toutes les expériences nécessaires à l'établissement de sa connaissance, du moins de tout ce qu'il était possible de connaître par l'intermédiaire de nos sens.

Les découvertes du géographe posent à la science bien des problèmes : le premier ce fut son idée de relier par des lignes, sur une mappemonde, tous les points où il put relever la même température moyenne.

Le soleil étant considéré comme notre seule source de chaleur, il était clair que tous les points placés à la même latitude devaient avoir la même température moyenne. En un mot, il n'était pas nécessaire de tracer de nouvelles lignes isothermes, puisque nous avions défini les parallèles. Or, le géographe nous affirme que les isothermes ne se confondent presque jamais avec les parallèles, et qu'ils font d'étranges zigzags, pour s'en écarter parfois de plusieurs milliers de kilomètres.

Le climat d'une région quelconque ne dépend donc pas seulement de sa place sur le globe terrestre : il dépend aussi d'éléments souterrains dont ne connaissons pas encore l'importance et qui agissent selon leur nature, leur masse, et la profondeur à laquelle ils se trouvent.

GULF STREAM

Pour élever le 1° la θ de un gramme d'air, il faut lui fournir 0,250 cal.

Pour un kilo, mille fois plus, soit 250 cal.

Pour une tonne, 250.000

Pour mille tonnes, 250.000.000

Pour un million de tonnes, 250.000.000.000. (250 milliards)

Pour 400 millions de tonnes, 400 fois plus : 250.000.000.000 × 400 = 1.00/0.00/0 00,0 00 100.000.000.000.000

Soit cent mille milliards de calories, pour une élévation de température de 1°. Or, il s'agit de 16°. Il faut donc multiplier par 16 ce chiffre déjà prodigieux, et nous obtenons un million six cent mille milliards de calories.

L'eau du Gulf Stream est, dit-on, à 25°.

Il est déjà bien étonnant que de l'eau à 25°, venue du Golfe du Mexique, ait pu traverser, sur un parcours de 12.000 km, un océan beaucoup plus froid, sans se refroidir elle-même.

Admettons-le cependant, pour faire preuve de bonne volonté, mais constatons que cette eau ne pourra céder que 7 calories par gramme aux habitants charmés des îles Britanniques.

A 7.000.000 de cal. par m^3 d'eau, il nous faudra 1.600.000.000.000.000 : 7.000.000 = 230 millions de mètres cubes d'eau.

Cette quantité remplirait un fleuve de mille mètres de large, cent mètres de profondeur.

En admettant que l'Angleterre perde chaque jour 50 % de la chaleur que lui apporte le Gulf Stream, le débit du fleuve sous-marin devrait être de cent millions de mètres cubes par jour, c'est-à-dire cinquante fois plus important que la Seine.

Comment une pareille quantité d'eau, partie du Golfe du Mexique, et partie sans raison apparente, irait-elle régulièrement vers l'Angleterre, plutôt qu'ailleurs ? Un étudiant facétieux, à qui je posai cette question, me montra la mappemonde, et dit « Surtout que ça monte ! ». Cette réponse est tout aussi raisonnable que les explications de la science actuelle.

Autre question : comment est-il possible que cette masse d'eau traverse sur un parcours de 12 000 km, un océan beaucoup plus froid, sans rien perdre de sa chaleur, qu'elle garde jalousement pour la répandre sur l'Angleterre ? Cette anglophilie est très étonnante, et il semble bien que ce Gulf Stream soit un autre serpent de mer.

LES PATAGONS

La taille moyenne des Patagons est de 1 m 80, alors que celle des Français ne dépasse pas 1 m 66.

Un assez grand nombre de sujets dépassent 2 mètres, taille tout à fait extraordinaire, pour des hommes blancs.

Il n'est pas possible de croire que tous les hommes grands se soient volontairement rassemblés en Patagonie.

On dit aussi que c'est « la race », c'est-à-dire qu'il s'agit d'un peuple de géants.

Or, nous savons que la nature tend toujours, impitoyablement, à revenir à la moyenne.

Presque toujours, les enfants des géants – ou des nains – sont des êtres normaux.

Les parents des géants que nous voyons dans les foires sont des gens ordinaires, comme d'ailleurs les parents des nains.

Si les Patagons venaient vivre à Paris, ils naîtraient, en moins de trois générations, au poids et à la taille des Parisiens.

Contrairement à ce que l'on croit généralement, ce ne sont pas les Patagons qui ont fait la Patagonie : c'est la Patagonie qui a fait les Patagons, et c'est Paris qui fait les Parisiens.

Le Baobab de Tartarin

Dans la description du baobab de Tartarin, certes, l'imagination et la verve de Daudet sont pour beaucoup. Mais une grande vérité est à la base de cette fantaisie.

Les botanistes ont fait des milliers d'expériences, qui peuvent se résumer dans le schéma suivant :

Je prends une graine de baobab, dans les Indes. Je prends deux mètres cubes de terre, dans une forêt de baobabs. Je transporte la graine et la terre en France.

Je construis une serre moderne. J'y plante, dans la terre Hindoue, la graine venue des Indes. Je reconstitue autour d'elle l'atmosphère des Indes : température, hygrométrie, etc., et j'attends.

J'ai fait planter à Pondichéry, le même jour, une autre graine, extraite du même fruit.

Un jour, une lettre de Pondichéry m'apprend que le baobab est sorti de terre. Le mien n'est pas encore visible.

Six mois plus tard, mon baobab, à ma grande joie, pousse une timide feuille, au milieu de ma terre hindoue, soulevée comme par un furoncle. J'envoie un câble à mes amis. Ils me répondent que leur baobab a maintenant 1 m 92.

Cinq mois plus tard, ils m'annoncent cinq mètres, et la naissance d'un deuxième tronc.

Mon baobab vient tout justement de crever : ce n'est plus qu'un morceau de bois mort de 1 m 30.

Il y a donc, pour assurer la vitalité et la longévité d'un arbre, autre chose que le climat aérien, autre chose que l'azote, la potasse, ou les chlorures du sol.

Il y a le soleil souterrain, qui ne brille pas partout du même éclat.

Est-ce à dire qu'il y ait un seul soleil souterrain ? Non. Il y en a des dizaines, des centaines, des milliers, dont les influences, en certains points du sol, se conjuguent, ou s'annulent.

L'influence de ces centres doit évidemment dépendre de la grandeur de leur masse, de la nature des radiations émises, et de leur distance à la surface du globe.

Certains d'entre eux agissent sur un continent, d'autres sur un pays, d'autre sur un champ.

Un grand viticulteur, propriétaire d'un cru célèbre, me montrait un jour un clos d'environ deux hectares. La vigne, traitée avec des soins minutieux, brillait au soleil.

« J'ai neuf mille pieds, me dit-il. Mais il y en a trois cents, juste au milieu du champ, qui ne valent rien. Ce sont pourtant les mêmes porte-greffe, les mêmes greffons, entés par le même greffeur. J'ai fait analyser la terre : c'est la même composition, la même humidité. Pourtant, ces 300 pieds ne font que du bois, et leur maigre vendange n'a que très peu de sucre. Du temps de mon père, c'était pareil. Personne n'y a jamais rien compris. »

L'influence des corps radiants peut être aussi amoindrie par la nature des corps qui les séparent de la surface du globe.

L'exemple de Paris nous donne à penser.

On sait que cette ville, unique au monde, est bâtie sur une couche de sable, dont l'épaisseur est d'environ mille mètres.

Il semble que la silice soit une matière inerte et protectrice et qu'elle puisse atténuer la violence des radiations venues du tréfonds.

Or, que se passe-t-il à Paris ? Le Parisien de vieille race – je veux dire d'au moins trois générations – est en général employé du métro, conducteur d'autobus, chauffeur de taxi, ouvrier ou contremaître chez Renault, ou chez Ford. Le Parisien de vieille race, c'est le Parigot.

Ceux d'entre eux qui s'occupent d'art ou de lettres sont les arbitres reconnus du goût, de la mesure, de l'esprit mais ce ne sont pas des créateurs.

Il arrive que naisse à Paris un grand savant, un grand peintre, un grand écrivain.

Il est toujours le fils – ou tout au moins le petit-fils – de parents nés en province.

Est-ce à dire que Paris n'a jamais pu produire de grands hommes ?

Au contraire : tous les grands hommes, sauf Mistral, sont nés à Paris.

Ils viennent au monde en province, d'une famille provinciale. Ils grandissent, ils forment leur propre substance dans un milieu puissamment irradié par le sous-sol ; ils se nourrissent de légumes et de fruits irradiés, de viande irradiée, ils boivent de l'eau irradiée (dix mille litres en vingt ans).

Il commence son œuvre – mathématique, picturale, musicale, ou littéraire. Mais il ne trouve pas sa forme, il ne se réussit pas. Il travaille pendant plusieurs années, avec un effort constant, comme un compositeur qui essaie d'écrire une symphonie dans le bruit d'une usine – seules, quelques parties sont réussies, et contiennent, comme l'on dit, des promesses.

S'il a du courage, si sa vocation l'appelle, il va s'établir à Paris. Après quelques mois, le voici accordé sur les ondes filtrées et amorties qui sortent du sous-sol de Paris. Dans cette harmonie favorable, il regroupe ses pensées, il fixe et stylise sa sensibilité, il entend enfin sa propre musique.

Ici le lecteur va me dire, – en souriant – « Et Molière ? C'est bien à Paris qu'il est né ! » Certes oui. Mais tant qu'il a vécu à Paris, dans la première partie de sa vie, le grand Molière n'a rien écrit.

En 1645, le voilà parti pour la province. Il y restera plus de 12 années. C'est là, dans le rayonnement plus intense du Languedoc et de la Provence, que va s'éveiller son génie, sans pouvoir encore se réaliser. Il n'écrit que deux ou trois œuvres secondaires – et il faudra qu'il revienne à Paris, pour nous donner, en x années, les plus belles œuvres de notre littérature dramatique, conçues en province.

C'est en province qu'un grand esprit se charge d'ampères et de volts : c'est à Paris que cette force devient lumière.

Tous les grands hommes sont nés à Paris.

LES SOURCES THERMALES

Beaucoup de sources thermales vantent leur radio-activité. Ceux qui font cette publicité seraient bien embarrassés s'il leur fallait prouver la vérité de ce qu'ils avancent, et préciser la nature et la force de ces radiations.

Nous allons essayer de défendre leur thèse.

Il est évident que certaines sources agissent puissamment sur certains organes. Elles sont connues depuis l'antiquité. Des millions de malades sont venus leur demander la guérison et si elles n'avaient jamais guéri personne, il est certain que leur inutilité eût été reconnue depuis bien longtemps.

L'étiquette collée sur les bouteilles d'eau de Vichy nous apprend sa composition, et semblerait expliquer ses vertus.

Mais un docteur en pharmacie me révèle que s'il composait une eau minérale artificielle selon cette formule, ses effets ne pourraient en aucun cas être comparés aux effets de l'eau de Vichy, et qu'il est nécessaire d'aller à Vichy, et de la boire aux sources mêmes pour en éprouver tous les bienfaits.

Voilà qui déconsidère un peu nos chimistes, dont les analyses nous apparaissent ainsi fort incomplètes : il semble bien que les eaux et le pays de Vichy dégagent une certaine radio-activité, que nous sommes encore incapables d'enregistrer et de mesurer autrement que par ses effets sur le foie des hommes.

Il est probable que le sous-sol de la région de Vichy est le siège d'une zone de désintégration lente, et que l'eau des sources, qui traverse cette zone, s'y échauffe et s'y charge de quelques atomes actifs. Nous savons que les Américains travaillent précisément à reproduire ce phénomène, en « activant » de l'iode ou du brome au moyen de leurs piles atomiques.

Dans d'autres régions, l'eau qui n'est point dite « minérale », n'en possède pas moins d'étranges vertus : les radiations qu'elle transporte s'attaquent au corps thyroïde, qu'elles hypertrophient hideusement, au point d'en faire un goitre, qui arrive quelquefois à peser une dizaine de kilogs. L'analyse chimique de ces eaux n'a jamais rien révélé de suspect.

Ainsi donc, la terre évolue perpétuellement; ses influences sont différentes selon les lieux, et selon les époques.

Une race qui voyage évolue, une race qui vieillit sur place évolue en même temps que son support.

Ce sont les patries qui font les hommes. La patrie, c'est le lieu de la terre où ma race vit depuis longtemps.

NOTES SUR L'ASTROLOGIE PHYSIQUE

J'aime beaucoup les astrologues, mais je ne crois guère à leur science.

Je ne parle ici ni des devins, ni des voyants, ni des « mediums ». Ceux-là m'inspirent assez de respect. Il est vrai que l'on rencontre parmi eux un grand nombre de farceurs. Il est vrai aussi que les véritables voyants, lorsqu'ils veulent vivre de leur don, tombent parfois dans le charlatanisme et le mensonge par l'obligation même où ils sont de dire, à leurs clients, la « bonne aventure », à toute heure du jour ou de la nuit.

Je crois cependant que j'ai connu des gens qui avaient le don de voyance; ils n'étaient pas maîtres de l'exercer à leur gré. L'un d'eux, incapable de prévoir qu'il serait blessé le lendemain dans un accident d'automobile, m'annonça que deux jours après mon arrivée à Paris, je rencontrerais un ami que je n'avais pas vu depuis plusieurs années; que cet ami me conduirait dans un appartement; il y aurait dans un coin en pan coupé, une cheminée Louis-Philippe à tablette de marbre; et que sur cette cheminée, je verrais un panier de roseaux, long et plat.

Événement d'une importance à peu près nulle, mais prédiction tout à fait surprenante, car elle se réalisa point par point. Je pourrais citer un assez grand nombre de ces réussites. C'est pourquoi je respecte, à priori, les voyants et les devins, sans pouvoir proposer aucune explication de leur don.

La science des astrologues est beaucoup plus discutable.

Ne parlons pas des horoscopes, rédigés d'avance, que l'on

propose aux naïfs au prix de cent francs, discrétion garantie, sous enveloppe fermée. En général, ils n'annoncent pas de malheurs, ce qui pourrait décourager la clientèle. Ils conseillent la méfiance (une personne de votre entourage vous trahit). La prudence.

A côté de la vie animale, et de la vie végétale, nous avons découvert la vie des minéraux.

Or, toute notre science repose sur ce postulat informulé – parce que considéré comme un fait d'évidence – que notre globe n'a jamais changé, sinon pour passer de l'état gazeux à l'état liquide, puis solide, et que la Patagonie d'aujourd'hui, c'est la Patagonie du temps de Phidias ou de Louis XIV.

Nous avons bien admis quelques changements extérieurs, à propos de la température ou du régime des vents, changements d'ailleurs mal expliqués, ou par des hypothèses gratuites. Mais le globe terrestre, depuis des siècles, a été considéré comme une boule de matière inerte, qui tourne sur elle-même en 24 heures, et qui suit une ellipse autour du soleil (que Dieu a évidemment créé pour nous éclairer. Il faut reconnaître qu'il a fait largement les choses, puisque notre lampe est un milliard de fois plus grande que notre salle de séjour, et que la moitié de sa lumière est gaspillée, car elle éclaire aussi de l'autre côté, où il n'y a personne, puisque je n'y suis pas).

Ces théories si vaniteusement anthropocentriques ont déjà perdu du terrain, mais elles sont encore fortement accrochées à leur ligne de repli.

Il est grand temps de constater, à la lumière des récentes découvertes, que nous avons jugé de la nature des choses comme un aveugle qui expertiserait les collections du Louvre, et qui n'aurait pu apprécier les tableaux que par leur poids, leurs dimensions, leur rugosité, leur odeur, et leur goût.

Certes, ces renseignements relevés et notés avec précision, permettraient d'en faire un classement, une estimation qui semblerait satisfaire la raison, et d'en retrouver un parmi les autres : mais si un critique d'art, intelligent et généreux, et doué d'une vue excellente, était chargé de refaire le travail de l'aveugle, je crois qu'il commencerait par saluer bien bas un homme capable d'entreprendre et de mener, riche de deux bons yeux, examinait le travail de son prédécesseur, il le reprendrait de A jusqu'à Z, et d'ailleurs sans trop de mépris, en considérant que l'aveugle avait fait de son mieux tout ce qu'il pouvait faire, et que même certaines de ses notations dues à la finesse de ses sens.

VI

MATHÉMATIQUES

LES MATHÉMATIQUES

L'homme, ayant inventé les chiffres, s'étonne ensuite qu'ils ravissent son esprit, et qu'ils le satisfassent pleinement. Il s'élance à la découverte des propriétés qu'il leur a données, dès le jour qu'il les créa : il croit ainsi marcher à la découverte de la nature, alors qu'il ne découvre que son propre esprit, et il affirme fièrement que la mathématique peut mesurer le monde, quand elle ne mesure que le mathématicien.

Ce petit pouvoir de la mathématique est cependant d'une grande importance, parce que le mathématicien lui-même fait partie de l'univers. Si un atome de fer était capable de mesurer sa propre constitution et ses propres forces, il connaîtrait ainsi la constitution et les forces de tous les autres atomes de fer, c'est-à-dire d'une partie, si petite soit-elle, du Cosmos.

La mathématique n'est pas une science : c'est un art, et nous pouvons lui appliquer la parole de Nietzsche : « Humain, trop humain. »

Mon esprit est si merveilleusement satisfait par le théorème de Pythagore, ou par sa table de multiplication, que ce plaisir m'inspire aussitôt une grande méfiance. Le petit boiteux croyait qu'il avait le pied bien fait parce qu'il se sentait bien dans ses chaussures : il avait déjà oublié qu'on les avait faites sur mesures. Il avait tort, mais il avait raison de les porter, puisque ça ne gênait personne, ça lui faisait plaisir.

[avril 1963]

NOTES SUR LES NOMBRES PREMIERS

Quoique je ne sois pas un mathématicien, j'aime les chiffres et les nombres, et surtout les nombres premiers, qui sont assez mystérieux. Je crois avoir trouvé une formule qui permet de fabriquer des nombres premiers : c'est la petite équation suivante.

« x et (x + 2) sont deux impairs consécutifs, comme 5 et 7, ou 17 et 19, etc.

$x - (x + 2) + x \times (x + 2) =$ premier.

$5 + 7 + 5 \times 7 = 12 + 35 = 47$.

C'est-à-dire que la somme de deux impairs consécutifs, augmentée de leur produit, est un premier.

D'autre part, x^2 étant un impair, on arrive, en simplifiant l'équation, à : $x^2 - 2 =$ premier.

$7^2 - 2 = 47$ premier

$9^2 - 2 = 79$ premier

Nous avons donc une formule qui nous permet de construire des nombres premiers, et un moyen très simple de confirmer l'exactitude de nos calculs.

$17 \times 15 = 255$

$17 + 15 = \underline{32}$

287. premier

Vérification par « $x^2 - 2 =$ premier ».

J'ajoute 2 à 287, et j'obtiens 289. Si 289 est un carré, 287 est premier. Non. $7 \times 41 = 287$.

J'extrais la racine carrée de 289, et je trouve 17. 287 est donc premier.

Première formule : deux impairs consécutifs.

55 × 57 = 3.135 produit
55 + 57 = 112 somme
Total = 3.247 premier
Vérification = 57^2 = 3.249
3.249 – 2 = 3.247 premier

Il faut prendre le carré du plus grand des deux impairs (55 et 57 ou 63 et 61).

63 × 61 = 3.843
63 + 61 = 124
3.967 premier
Vérification :
62^2 = 3.969 – 2 = 3.967 premier

Pourquoi la première formule, « somme + produit » de deux impairs consécutifs nous donne-t-elle des premiers c'est-à-dire des nombres sans diviseurs ?

C'est parce que la somme (5 + 7 = 12) est un nombre pair, et le produit est un impair (7 × 5) = 35.

Chacun de ces deux nombres a son (ou ses) diviseurs.

Or, la somme refuse les diviseurs du produit, et le produit refuse les diviseurs de la somme et le total des deux n'admet donc aucun diviseur; c'est donc un nombre premier.

Je veux savoir si 2.807 est premier.
J'ajoute 2, et j'obtiens 2.809;
J'en extrais la racine : c'est 53.
2.809 est donc un carré, et 2.807 est premier.
1.495.727 est-il premier ?
J'ajoute 2, j'obtiens 1.495.729.
J'en extrais la racine carrée.
Je trouve 1.223.
1.495.727 est donc premier.

NOTES SUR LES PUISSANCES ET LE DERNIER THÉORÈME DE FERMAT

Les vrais mathématiciens considèrent avec pitié, et un peu d'agacement tous ceux qui s'attaquent au célèbre problème : cet agacement est justifié.

C'est en lisant l'arithmétique de Diophante (un grec du IVe siècle) que Fermat s'intéressa au huitième problème, qui demande la solution de $X^2 + Y^2 = a^2$ en nombres entiers. Il écrivit – en latin – dans la marge : « Tout au contraire, il est impossible de partager un cube en deux cubes, une p^4 en deux p^4, ou, en général, une puissance quelconque de degré supérieur à 2 en deux puissances du même degré : j'ai découvert une démonstration admirable que cette marge est trop petite pour contenir. »

Cette démonstration admirable, on ne l'a jamais retrouvée. Il y aura l'an prochain 300 ans, (car Fermat est mort en 1665), trois siècles que l'on cherche en vain la clef perdue du théorème.

Euler (1774), Gauss (1801), Abel (1823), Legendre (1830), Lejeune-Dirichlet (1832), Liouville (1840), Cauchy (1847), Kronecker (1856), Dickson (1908), n'ont pu établir une démonstration générale, ni positive, ni négative.

D'autre part, diverses académies des sciences avaient fondé des prix importants pour la solution de l'irritant problème. En Allemagne, l'Académie des Sciences a toujours un prix de 100.000

anciens marks, offert en 1908 par le professeur Wolfs Kehl; cette somme, à cette époque, représentait près de 40 millions de francs 1958.

Les autres Académies, au cours de tant d'années ont reçu tant de vaines démonstrations présentées par quelques véritables mathématiciens, et par des dizaines de milliers d'amateurs qu'elles ont tour à tour supprimé leur prix, et qu'elles refusent aujourd'hui de prendre connaissance des Mémoires qui concernent le Théorème, mis désormais au rang de la Quadrature du Cercle.

Ainsi, il semble que les savants se soient rangés à l'avis de Gauss : ce très grand arithméticien, après des années de vaines recherches, avait en effet fini par déclarer que Fermat s'était trompé, et qu'aucune démonstration n'était possible : mais il nous semble que cette affirmation, dans laquelle perce un peu de dépit, ne tranche pas la question, et il est bon que des centaines de chercheurs, dans tous les pays du monde, se penchent sur un problème dont Lucas a dit, dans l'introduction à sa théorie des Nombres, qu'il « semblait jeter un perpétuel défi à l'intelligence humaine ».

Nous connaissons le génie de Fermat, et nous avons foi en sa parole. Chaque fois qu'il a dit qu'il avait trouvé une démonstration, il l'a donnée, et celles qui ont été perdues, ses successeurs les ont retrouvées. Pour np – n, c'est le grand Leibniz; pour les nombres premiers de la forme 4n + 1, c'est Euler qui la découvrit après sept années de recherches.

Il a rédigé son théorème en 1637, c'est-à-dire vingt huit ans avant sa mort; s'il avait commis une erreur, il aurait eu le temps de s'en aviser, et il l'eût certainement avouée, tout au moins à ses amis. Enfin, il convient de noter qu'il attachait à sa démonstration une grande importance, car de toutes celles qu'il a découvertes, c'est la seule qu'il ait qualifiée « d'admirable ».

Comme tant d'autres, j'ai cherché dans ma jeunesse la solution de l'énigme; un condisciple me l'avait présentée (sans prononcer le nom de Fermat) sous la forme la plus simple : la somme de deux carrés peut être un carré, la somme de deux cubes ne peut jamais être un cube.

Je pensai, dans mon ignorance, qu'il s'agissait d'un petit problème de mathématiques amusantes : dès mes premières recherches, j'appris l'histoire du théorème, les échecs des maîtres, et fort raisonnablement je renonçai.

Je renonçai, mais bien souvent, j'ai repensé à la minuscule et mystérieuse équation.

Un soir de vacances, je confiai à un ami polytechnicien tout l'intérêt que m'inspirait le romanesque théorème, et je lui demandai conseil, il sourit et haussa les épaules, et dit :

– Tu perds ton temps, comme tant d'autres. De plus, tu n'es pas armé pour de pareilles recherches. Que sais-tu des mathématiques supérieures ? Connais-tu seulement le calcul différentiel, intégral, infinitésimal ? As-tu étudié la théorie des groupes, des ensembles, le calcul matriciel, l'analyse combinatoire ? C'est pour répondre à cette attaque que je fis une découverte.

– Non, lui dis-je. Je ne sais rien de tout cela. Mais Fermat lui-même n'en savait pas plus que moi.

Il ne faut pas oublier, en effet, que le Prince des Amateurs fut conçu par sa mère dans les derniers jours du XVIe siècle, qu'il avait dix ans à la mort d'Henri IV, qu'il a vécu sous Louis XIII, et sous Richelieu, puis sous Louis XIV et sous Mazarin, et qu'il est mort quand le Roi-Soleil avait vingt-sept ans.

Où en était, à cette époque, l'héritage de la Science Mathématique. Qui furent les maîtres de Fermat ? Pythagore, Euclide, Aristote, Zenon, Eudoxe, Archimède, Diophante. Ce furent de très grands génies et les créateurs de la mère des Sciences. C'est grâce aux fondations qu'ils établirent que le XVIIIe siècle, puis le XIXe, et enfin le nôtre ont construit le temps des mathématiques modernes. Mais à l'époque de Fermat, les fondations du temple sortaient à peine de terre : il est certain que si, par un plaisant miracle ces grands hommes redescendaient du ciel, suivis de leur génial élève Pierre de Fermat, il leur faudrait une bonne année de « taupe » pour être reçus honorablement à Polytechnique.

Sans aucun doute, la démonstration de Fermat existe, puisqu'il l'a dit; elle est admirable, puisqu'il l'a dit; et sans aucun doute, elle est aussi simple, aussi claire que celles de Pythagore, d'Euclide, ou de Diophante.

Le chercheur n'a nul besoin d'avoir recours au prodigieux arsenal des mathématiques modernes. Toute démonstration qui utiliserait la haute algèbre, ou les nouvelles branches de l'arithmétique ne serait pas celle de Fermat.

Le champ des recherches ainsi restreint, il n'est pas impossible qu'un jour un amateur de la force du baccalauréat, retrouve, à force de patience, et peut-être par hasard, l'admirable démonstration.

A cause du côté poétique de l'aventure, je me suis d'abord occupé de l'autel d'Apollon.

Les citoyens de Délos, inquiets de la tournure que prenaient leurs affaires, demandèrent à leur protecteur, Apollon, pour quelle raison il semblait les avoir abandonnés.

Le dieu répondit (après une longue bouderie) que l'autel de son temple était beaucoup trop petit, et qu'il fallait immédiatement doubler son volume.

Cet autel était un cube entier.

Les géomètres de Délos, malgré un congrès et de longues discussions ne purent jamais donner aux tailleurs de pierre des dimensions entières pour un autel qui serait le double du premier.

Il semble certain qu'Apollon s'était moqué d'eux car un dieu ne pouvait ignorer l'usage et les vertus des racines cubiques.

En effet X étant un entier $X^3 \times 2$ ne peut être un cube parfait :

$$X^3 \times x^2 = Z$$
$$\sqrt[3]{X^3} x^3 \sqrt[3]{2} = \sqrt[3]{Z}$$

C'est-à-dire X × 1, 2599210 et la suite, c'est-à-dire $\sqrt[3]{Z}$ ne peut être un entier.

Nous en tirons la conclusion que le double d'un cube ne peut être un cube, et que par conséquent la moitié d'un cube ne peut être un cube.

Un cube ne peut être multiplié, sans perdre sa forme, que par un nombre ayant une racine cubique entière, c'est-à-dire par un autre cube.

Cette démonstration simplette vaut pour toutes les puissances, car toutes les racines de 2 sont des nombres irrationnels mais sa valeur quoique générale, n'est que partielle, parce qu'elle ne s'applique qu'à la somme de 2 puissances égales du même exposant.

J'essayai donc d'attaquer le problème sous un nouvel angle.

J'avais évidemment remarqué qu'un cube est la somme de six pyramides parfaites réunies par leurs sommets.

J'appelle « pyramide parfaite » (par simple commodité) une pyramide à base carrée, dont les apothèmes opposés font un droit, et dont le côté de la base qui est un entier est le double de la hauteur.

Je pensai que pour augmenter de 1 chacune des 3 dimensions d'un cube X^3 il suffisait d'appliquer sur chacune de ses faces un tronc de pyramide parfaite, dont la petite base X^2 aurait la même surface, dont la hauteur serait 0,50 et dont la grande base serait $(X + 1)^2$.

Si avec les six pyramides ($B = 7^2$) qui composent le cube de 7, je pouvais faire 6 troncs de pyramide parfaite ($b^2 = 0^2$, $B^2 = 7^2$ $H = 0{,}50$) j'aurais fait un cube avec la somme de deux cubes. Si je pouvais démontrer qu'avec une pyramide parfaite on ne pouvait faire un tronc de pyramide parfaite dont les deux bases soient des entiers, j'aurais démontré le théorème pour la puissance 3.

Je commençai les opérations – pour les simplifier – en les transférant dans la géométrie plane.

Est-il possible, avec un triangle rectangle isoscèle, dont la base est le double de la hauteur, de faire un trapèze de même surface, dont les deux bases soient des entiers, et la hauteur égale à la moitié de la différence des bases.

Voici ce qui voudrait être une démonstration.

Soit un triangle rectangle isoscèle ABC, dont l'hypothénuse AC = 1 et la hauteur H = 6.

Je veux en faire un trapèze dont les angles à la base soient les mêmes que $\hat{A}$ et $\hat{C}$, c'est-à-dire d'une valeur de 45° et dont la surface soit celle du triangle.

La grande base du trapèze sera évidemment plus grande que

celle du triangle, puisque, la surface restant la même, H va diminuer.

La petite base du trapèze sera la base du triangle.

Je trace au hasard, entre les prolongements des côtés du triangle rectangle, la plus grande base du trapèze, puis je fais tourner le triangle autour de sa base, et je l'applique sur le trapèze provisoire.

La partie AGHC du triangle est incluse dans le trapèze, qu'elle ne remplit pas complètement, mais je puis utiliser GDH pour remplir les deux vides HEG et HCF, qui sont deux triangles rectangles égaux.

Quels sont les rapports de ces deux triangles avec le triangle GDB.

Lorsque je rapproche la grande base provisoire du trapèze de sa petite base, la surface de GDB grandit, celle des petits triangles diminue.

Lorsque je fais descendre la grande base, GDB diminue, et les petits triangles s'agrandissent d'autant.

Il existe donc une position de la grande base pour laquelle la somme des surfaces des petits triangles est égale à celle de GDB.

La surface du trapèze ainsi obtenu est donc égale à la surface du premier triangle ABC.

Les bases du trapèze définitif sont-elles des entiers ?

Notons que les trois triangles sont des triangles rectangles, et que l'aire du plus grand est égale à la somme des aires des deux autres.

Or, la somme de ces aires est un carré, et nous savons par le théorème de Fermat, que l'aire d'un triangle rectangle en nombres entiers ne saurait être égale à un carré.

Dans ce cas particulier (triangle rectangle isocèle) on peut le démontrer sans recourir à la « descente infinie » de Fermat.

Le double d'un carré ne peut être un carré, parce que :

$X^2 \times 2 = z$

$\sqrt{Z} = X \times \sqrt{2}$

La racine de Z ne peut donc être un entier.

D'autre part, si le double d'un carré ne peut être un carré, la moitié d'un carré ne peut être un carré. Or, le triangle rectangle isoscèle CDH est la moitié d'un carré, et son aire ne peut être un carré parfait.

Ainsi donc, ou bien la somme des deux petits triangles n'est pas un carré parfait, ou bien le grand triangle GDH n'est pas en nombres entiers.

Dans ces conditions, la base du trapèze EGHF, est composée soit d'un entier (GH) + deux nombres décimaux, soit de deux entiers EG et HF, et d'un nombre décimal, GH. Elle ne peut donc pas être un entier.

Ce raisonnement semble pouvoir s'appliquer à la coupe verticale d'une pyramide parfaite, selon sa hauteur et deux apothèmes opposés.

Cette coupe nous présente en effet un triangle rectangle isoscèle.

Si la grande base du tronc de pyramide (qui correspond au trapèze) n'est pas un entier, nous pourrons en conclure que le volume d'une pyramide parfaite ne peut être celui d'un tronc de pyramide parfaite dont les bases soient des entiers.

Cette extension des propriétés du plan dans l'espace me paraît ici légitime.

Or, tout cube est composé de six pyramides parfaites réunies par leur sommet.

Lorsque je veux faire la somme de $6^3 + 7^3$, il s'agit d'additionner deux à deux les six pyramides parfaites de base 7, qui composent 7, et les six qui composent 6^3.

Il faudra qu'avec les six pyramides de base 7, je fasse six troncs de pyramide parfaite de petite base 6, pour les appliquer sur chacune des faces cube de 6.

L'opération est possible, mais ni la H ni la grande Base de ces trois ne seront des entiers, et le cube obtenu ne peut être un cube parfait.

C'est pourquoi :

$$X^3 + Y^3 = Z^3$$

n'a point de solution en nombres entiers.

Je fus presque satisfait de cette démonstration, tout en craignant qu'elle ne fût qu'une suite de constatations; mais d'autre part, si elle était valable, elle ne valait que pour les cubes, alors que le théorème englobe toutes les puissances supérieures à p^2, et je résolus de chercher autre chose.

Avec l'audace de l'ignorance, je me permis de refuser toute valeur aux démonstrations des Maîtres qui n'étaient pas une démonstration unique et générale pour toutes les puissances, et je reprochai même au grand Fermat de n'avoir point parlé de la puissance 1.

Je décidai d'admettre que la loi des puissances doit expliquer et démontrer pourquoi la somme de deux p^1, est toujours une p^1, pourquoi la somme de deux p^2, est souvent une p^2, et pourquoi la somme de deux puissances d'un même exposant plus grand que 2 ne peut être une puissance du même exposant. C'est certainement pour la même raison.

C'est en étudiant la p^1 qu'il me vint une idée, qui n'est peut-être pas nouvelle, mais qui me semble intéressante.

Pourquoi la somme de 2 p^1, est-elle toujours une p^1?

C'est parce que les unités qui composent une p^1 sont rigoureusement égales entre elles, et que la millième unité de 1.000 ne vaut ni plus ni moins que la première unité que constitue le nombre 1.

Si j'additionne 7 et 7, j'obtiens 14. Les deux termes additionnés comprenaient tous deux les 7 premières unités. Le premier 7 les a gardées intactes, chacune à son rang. Le second 7 n'est plus un sept. Il est maintenant composé de la 8e, 9e, 10e, 11e, 12e, 13e et 14e unité.

Ces mutations sont possibles, parce que les unités de p^1, étant toutes égales à 1, peuvent changer de rang ad libitum, et 14 est une p^1 normalement constituée, à partir de 1^1.

En ce qui concerne les p^2, je remarquai que les unités qui composent leur racine n'ont pas une valeur égale. Si nous dressons un tableau des P^2, et de leurs racines, nous constaterons que :

1, dans la colonne des racines, nous donne 1^2 dans la colonne des carrés.

Si nous ajoutons 1 à la racine, cette addition fait paraître 4 dans la colonne des carrés.

La 3e unité ajoutée à la racine, nous donne 9, et ainsi de suite.

Je crois donc pouvoir affirmer que la 1re unité d'une racine ornée de l'exposant 2, vaut 1. La seconde vaut 3, la troisième vaut 5, et ainsi de suite.

Ce sont ces augmentations du carré suivant que, par commodité, j'ai appelées : UNITÉS-RACINES en abrégé URP^2 pour la P^2.

VALEUR DES URP^2, ET POURQUOI LA SOMME DE DEUX CARRÉS PEUT ÊTRE UN CARRÉ

Les URp^2 ne sont pas égales entre elles : elles forment une série régulière dont chaque UR est égale à la précédente + 2 ou à la somme des racines des 2 carrés qu'elles séparent.

Comme la série commence par 1, ces URp^2 sont des impairs, et comme tous les impairs sont séparés par un intervalle de 2, la série des UR est identique à la série des impairs. Tous les impairs sont des URp^2.

J'en conclus que tous les carrés impairs sont des URp^2, c'est-à-dire des carrés intermédiaires entre deux carrés.

VÉRIFICATION

Soit $11^2 = 121$

$121 : 2 = 60$ avec un reste de 1.

121 est donc la 60e UR. Si je l'ajoute au carré de 60, j'obtiens 61^2.

En effet, $3.600 + 121 = 3.721$, soit $60^2 + 11^2 = 61^2$

Cette opération s'applique à tous les carrés impairs selon la formule (x^2 étant un impair) :

$x^2 = Y + (Y + 1)$

$x^2 + Y^2 = (Y + 1)^2$

Pour les carrés pairs, ils sont divisibles par 4. Soit $64 = 8^2$.

Je le divise en 4 bandes, qui seront quatre rectangles de 8×2.

J'ajuste ensemble ces quatre rectangles allongés selon la figure ci-dessous.

Les 4 rectangles ont gardé la même surface totale qui est toujours 8^2.

Ils enferment $(8 - 2)^2 = 6^2$. Leur périmètre extérieur enferme $(8 + 2)^2$, soit 10^2.

X étant un carré pair, on peut écrire :

$$x^2 + \left(x\frac{x}{4}\right)^2 = \left(x + \frac{x}{4}\right)^2$$

Comment les 14 UR p^2 contenues dans $6^2 + 8^2$, et dont la somme contient donc les six premières unités-racine en double, ont-elles pu constituer 10 unités-racines consécutives dont la somme des valeurs est 10^2 ?

6^2 a fourni les 6 premières, qui valent 36.

Le total des 8 premières, qui constituent 8^2, soit 64, a pu être décomposé en 7ᵉ, 8ᵉ, 9ᵉ, et 10ᵉ soit : 13 + 15 + 17 + 19 = 64.

On peut aussi, en utilisant les 8 premières UR de 8^2 décomposer celles de 6^2, qui nous fourniront les valeurs de la 9ᵉ et de la 10ᵉ.

Il me semble donc inexact de dire que la somme de 2 carrés *peut* être un carré.

En réalité, nous devrions ajouter :

« Si la somme des unités-racines consécutives qui constituent l'un des carrés peut être décomposée en une autre série d'UR consécutives, et dont la première soit consécutive à la dernière du premier carré. » C'est-à-dire que l'un des carrés n'a plus la forme d'un carré.

Enfin, lorsque l'on dit que la somme de deux carrés *peut être* un carré, il semble que ce soit là une éventualité peu fréquente.

En réalité, tous les carrés, pairs ou impairs, font partie d'un trio dans lequel le plus grand est la somme des deux autres.

LES URp³ ET POURQUOI LA SOMME DE DEUX CUBES NE PEUT ÊTRE UN CUBE ?

1° La différence entre deux cubes sonsécutifs, c'est-à-dire l'UR p^3 est toujours un nombre de la forme $6n + 1$, en même temps que $3n + 1$.

2° La valeur de l'UR p^3 croît régulièrement de 6n à partir de la première, n étant égal à la racine du cube précédent.

3° La valeur particulière d'une UR p^3, (comme celle de toutes les UR) ne dépend que de son rang et de son exposant. Cette valeur est constante, c'est-à-dire que la 5ᵉ UR p^3 dans le cube de 5 est égale à celle qui figure obligatoirement dans le cube de 1000.

4° Il s'agit donc d'une série, parallèle à celle des cubes.

5° La valeur d'une UR p^3 est représentée par plusieurs formules différentes, dans lesquelles y est égal à $X - 1$.

a) $X^3 - Y^3$

b) $X^2 + Y^2 + XY \times X - Y$

c) $XY \times 3 + 1$

d) $\dfrac{(X^2 \times 6 + Y^2 \times 6) - 2}{4}$

La formule b est très remarquable, car elle représente également la somme des volumes de dix troncs de pyramide parfaite, dont X^2 est la grande base, Y^2 la petite base, et dont la hauteur est égale à la moitié de $X - Y$, soit 0,50.

Un cube étant composé de six pyramides parfaites, tandis que l'UR est composée de six troncs de pyramide parfaite dont les bases sont des entiers l'UR³ ne peut être un cube.

La somme de deux cubes ne peut donc pas être un cube, car si $X^3 + Y^3 = Z^3$, nous aurions aussi $Z^3 - Y^3 = X^3$, qui est un cube, et qui serait en même temps une différence entre deux cubes, ce qui est impossible.

Lorsque nous voulons faire la somme de deux cubes, nous faisons la somme de deux séries d'unités racines qui commencent toutes les deux par

CAS DE LA SOMME DE 2 CUBES ÉGAUX

La somme de deux cubes égaux contient deux fois chaque unité-racine.

Ainsi, non seulement elle n'a pas une organsiation cubique, mais elle en a une autre, tout aussi rigoureuse.

Ces deux séries ne peuvent-elles coïncider en un point quelconque.

Non, parce que la série des UR^3 est une série d'impairs, l'autre de pairs.

CAS DE DEUX CUBES INÉGAUX

Deux cubes inégaux commencent forcément par les mêmes UR^3, et sont par conséquent égaux jusqu'à la dernière UR p^3 du plus petit : leur somme ne peut donc avoir une organisation cubique parfaite.

CAS DE $X^3 \times Y^3 = Z^3$

Comment expliquer que le produit de deux cubes soit un cube ?

C'est parce qu'en multipliant un cube par un autre, nous multiplions des UR^3 par un cube.

Or, le produit d'une UR^3 par un cube contient autant d'UR^3 consécutives qu'il y a d'unités dans la racine du cube

(7e) $127 \times 2^3 = 1.016 = 469 + 547$ (13e et 14e UR)
(3e) $19 \times 3^3 = 513 = 127 + 169 + 217$ (7e, 8e et 9e)
(2e) $7 \times 4^3 = 448 = 61 + 91 + 127 + 169$ (5e, 6e, 7e, 8e, 9e)

Exemple : – $3^3 \times 2^3 = 27 \times 8 = 216 = 6^3$.

En effet :

La première unité-racine de 27, qui est 1, multipliée par 8, nous donnera la 1re et la 2e du nouveau cube, soit 1 et 7.

La 2e qui vaut 7 multipliée par 8, nous donne 56, qui se décompose en 19 et 37 qui sont la 3e et la 4e. La 3e, qui vaut 19, nous donne 153 qui se décompose en 61 et 91, qui sont la 5e et la 6e. C'est pourquoi nous avons un cube de 6 régulièrement construit.

[1963]

VII

PROJET DE MACHINE A VAPEUR

PROJET DE MACHINE A VAPEUR
A EAU SURCHAUFFÉE,
Marchant entre 366° (200 kgs 500) et l'atmosphère

Il s'agit de construire une chaudière telle que l'eau ne puisse en aucune façon se vaporiser avant le point critique de ce fluide.

Ceci ne présente aucune difficulté théorique.

Supposons un fort tube d'acier fermé à l'une de ses extrémités.

Par l'autre extrémité pénètre un piston plongeur parfaitement étanche.

Ce piston pèse 200 kgs 500 par cm^2.

Ce piston repose sur un litre d'eau enfermé dans le tube, et qui pèse 1 kg.

Je chauffe. L'eau va se dilater sans se vaporiser, puisque sa surface supporte une pression supérieure à sa tension maxima à toutes les températures.

Nous savons par diverses expériences anciennes qu'aux environs de la Température Critique, soit 365 degrés, nous aurons sous le piston, qui se sera soulevé de la différence, trois litres *d'eau* à 365 degrés, qui pèsent toujours 1 kilog.

Nous savons qu'en dépassant très légèrement cette température, ces trois litres d'eau vont se transformer en 3 litres de vapeur à 200 kgs 500.

Nous savons que la transformation de l'eau en vapeur se fera sans aucune dépense de chaleur de vaporisation. (Loi de Dulong et Petit).

Nous pouvons donc affirmer que nous n'avons dépensé, pour cette transformation, rien de plus que les 365.000 cal. nécessaires à l'élévation de température d'un kilog d'eau de 0 à 365.

Quel est le travail que peut fournir 1 kg de vapeur à 200 kgs, ou 3 litres à 200 kgs ? Le problème est là.

Si nous avions arrêté l'expérience à 200°, nous aurions eu 1 kg de vapeur à 12 kilogs, qui nous aurait coûté

1°) 200.000 cal. pour élévation de θ

2°) 520.000 cal. pour la ch. de vaporisation

soit 720.000 cal.

Ce calcul très simple – et qui l'est peut-être trop – semble nous permettre d'affirmer que :

1 kg de vapeur d'eau à 12 kgs coûte deux fois plus de chaleur que 1 kg de vapeur d'eau à 200 kilogs.

S'il est permis de dire que

1 kg de vapeur à 1 kg fournit un travail de x

1 kg de vapeur à 12 kg fournit un travail de 12 x

1 kg de vapeur à 200 kg fournit un travail de 200 x

nous pouvons affirmer que la nouvelle machine produit un travail de 200 x pour 360.000 cal., soit

360.000 : 200 = x pour 1.800 cal.

tandis que la machine à 12 kilogs, produit un travail de 12 x pour 720.000, soit

720.000 : 12 = x pour 60.000 cal.

Le rendement de la nouvelle machine serait donc 33 fois supérieur à celui de l'ancienne, ce qui démontrerait d'une façon éclatante soit la possibilité du mouvement perpétuel, soit la fausseté de la loi de Dulong et Petit, soit l'absurdité regrettable des raisonnements précédents.

Au commencement de l'expérience. A la fin, l'eau liquide est descendue jusqu'en θ (ligne pointillée).

Supposons une chaudière A.

Cette chaudière, chauffée électriquement, a une contenance de 4 litres.

Sous la chaudière, un tube U
La chaudière contient :
Dans la zone bleue, de l'eau.
Dans la zone jaune, du mercure.
Ce mercure descend dans le tube U, jusqu'au point B.

Au-dessus du mercure, de C en G de l'huile grasse, dans laquelle plonge un piston dont le volume immergé doit être d'au moins trois litres.

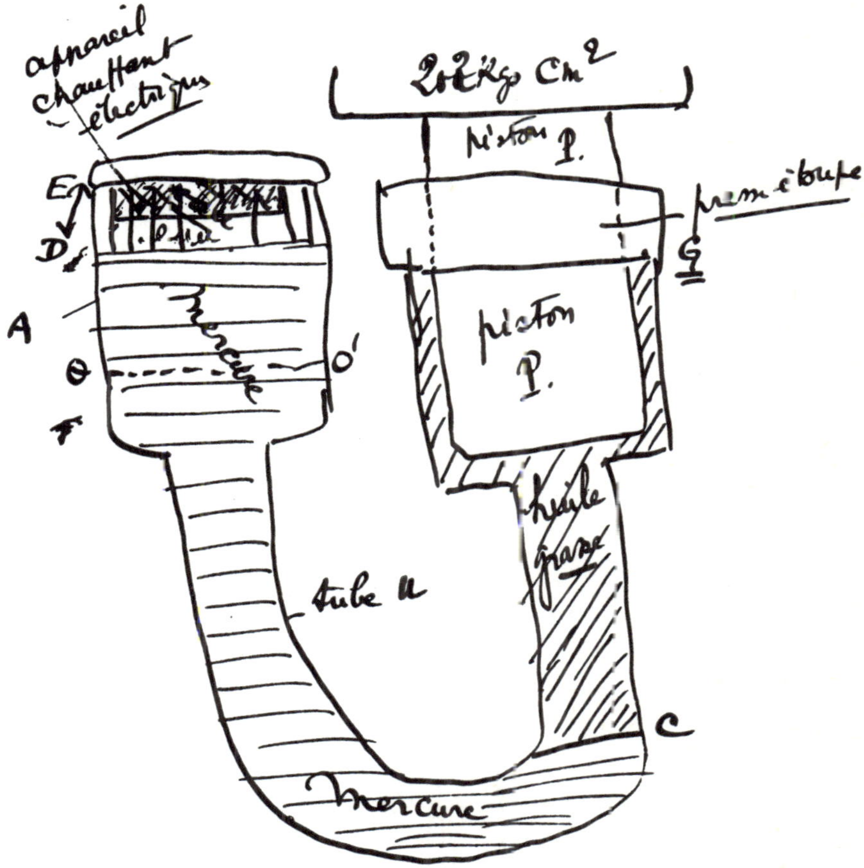

Dans la partie ED, un litre d'eau, du poids (théorique) de 1 kg.

Par l'appareil électrique, je chauffe. La θ de l'eau monte.

Elle ne se vaporise pas, parce qu'elle est soumise à une pression de *202* kgs cm², supérieure à la la tension de la vapeur d'eau jusqu'au point critique, soit 365°.

Chemin faisant, l'eau liquide s'est dilatée. Nous savons qu'au point critique, le kg d'eau occupera près de 3 litres. Il aura trouvé la place de le faire en soulevant le piston P.

A $365^{\circ} + \frac{1}{\infty}$, nous aurons 3 litres de vapeur, à 200 kg 500.

Pour vaporiser, à 365°, 1 gramme d'eau, il faut 365.000 calories.

1 gramme d'air, à 800 degrés, contient x calories. Combien faut-il de grammes d'air à 400 kilogs pour vaporiser 1 gramme d'eau ?

Quelle force est nécessaire pour comprimer ces x gr. d'air à 40 kilogs ?

Quelle force sera fournie par le gramme d'eau vaporisé ?

VII

LETTRES

Lettre du Dr. Rimattei

MARSEILLE, le 24/6/38

Mon Cher Ami,

C'est charmant. Non content de vouloir ravir le feu du Ciel en haut de la courbe de vaporisation tu deviens relativiste à la manière de... Nous animant tous deux d'une vitesse voisine de celle de la lumière tu fais la pige à Einstein et « la bibliothèque c'était le mois dernier ». Mais je me méfie depuis l'aventure de ce pauvre Raimu, pimpant quinquagénaire dans « Marius » et que tu as transformé en vieillard du « César ». J'ai eu vraiment de la peine à lui voir gravir l'escalier de St Victor à la recherche d'Elzear : Il serait tellement peuchère! Ce jour là tu n'a pas fait une cure de rajeunissement. Alors fais bien attention au sens de la vitesse sinon ce sera un désastre et tu m'obligera à penser à la « Légende des Siècles ».

Me voilà apaisé pour ton premier chagrin!

Quand à la Physique nous verrons. Je devrais être fier d'avoir comme futur élève un auteur célèbre mais tu sais la vanité ce n'est pas mon fait, pas plus que les cérémonies officielles, le protocole (en fait de protocole je ne veux connaître que celui de mes expériences) les relations. Mais j'adore le commerce des esprits. J'ai entretenu des correspondances pendant des années avec des gens que je connaissais à peine et que je n'avais jamais vus. Je crains que mes amis ne comprennent pas toujours mon désir (plein d'humilité) de conserver à mes relations ce caractère de « spiritualité ».

Pour ce qui est du tabernacle, du Saint des Saints je n'ai ni le physique ni la mentalité (et je m'en félicite!) de Parsifal alors j'approche prudemment mais avec toi j'espère que la moisson sera bonne si nous ne la trouvons pas « le regard par terre ». Nous le cherchons en plein firmament. Nous y découvrirons toujours un peu de ce bon soleil que tu as su mettre en bouteilles c'est-à-dire en pièces, livres et films!

A ma première liberté je viens te chercher et je t'enlève! pour te montrer mon laboratoire. Il n'est pas magnifique mais j'ai mis 20 000 jours! à le constituer. C'est un beau film tout de même!

Je te remercie pour ta gracieuse invitation à l'inauguration de ton Cinéma. J'ai perdu ma belle-sœur en avril et je ne pourrai y venir mais si par la cheminée de ton toit les ondes sympathiques peuvent se propager alors mes vœux de succès iront jusqu'à toi avec mes affectueuses pensées.

Lettre de Marcel Boll

9 mai 1963

Mon cher Marcel Pagnol,

En ressuscitant un passé déjà ancien, votre envoi m'a fait le plus grand plaisir. Et pourquoi rirais-je de l'an des rares XL, qui songe à se déprendre des œillères de sa spécialité ? Malheureusement, je vous comprends mal, en étant sûr que les amis invoqués ne sont pas... à la hauteur : tout au plus se sont-ils laissé dire que les mathématiques modernes sont concrétisées par Bourbaki...

Mais tenons-nous en à Karl-Friedrich Gauss (1820) et à Bertrand Russell (1908).

Le premier a montré que les méthodes (arithmétiques) applicables au discontinu diffèrent essentiellement de celles (algébriques) convenant au continu. Le second a insisté sur le CALEMBOUR, dont le mot « nombre » fait les frais : tantôt recensement (notion aisément éclaircie par récurrence ascendante, à partir des définitions de zéro et de un); tantôt mesure (notion très délicate à préciser et particularisation d'un concept fondamental, comme quand on dit que « la vitesse est *l'opérateur,* qui transforme la durée en trajet). Ainsi, dans la phrase : « Il y avait là sept politiciens, assis autour d'une table ronde de sept mètres de contour » : Sept mètres, à une fraction de mètres près. Sept politiciens, à aucune fraction de politicien près. Il n'y a pas plus de parenté entre recensement (ou effectif) et mesure (ou grandeur) qu'entre les passagers d'une auto et ses chevaux!

Or, vous papillonnez gracieusement de recensements à mesures, & vice-versa.

Vous renâclez contre le vocable banal de *carré parfait,* quoi de plus net ? C'est tout bonnement un recensement R, pour lequel il existe un autre recensement r, tel que, multiplié par lui-même, r donne R. Mais, si R = 2, le recensement r correspondant est un NON-SENS. Rappelez-vous donc que la mesure désignée (aujourd'hui) par $\sqrt{2}$ (et plus pénible à extraire que celle d'un genêt!) fut rencontrée par Pythagore (pour la première fois et avec une sacrée terreur), quand il s'aperçut que c'est la mesure de la diagonale d'un carré, dont le côté est un :

$$\sqrt{2} = \quad 1, \quad 41\,421 \quad 55\,633 \quad 73\,095 \quad \ldots$$

est une mesure (suite illimitée; en se jouant, les ordinateurs fournissent les mille premiers chiffres).

Autre mesure :

$$2, \quad 00000 \quad 00000 \quad 00000 \quad \ldots$$

tandis qu'un recensement s'écrit :

$$2.$$

A la page 134 de mes Tables Numériques Universelles (dont je vous donne, à titre de curiosité, un échantillon), je reproduis les quarante-sept premiers trios de recensements, tels que :

$$x^2 + y^2 = z^2$$

Mes 900 pages concernent les PMP, les techniques mathématiques de la physique, et aussi de la cybernétique, car, comme l'écrit le psychologue Paul Guillaume, la physique est devenue le modèle de tout savoir, même en psychologie.

En 1830, Adrien-Marie Legendre s'est servi des fractions continues pour déduire qu'*il n'y a pas* de recensements x, y, z, tels que :

$$x^5 + y^5 = z^5$$

et il a été établi (cf. Pierre Boutroux,, 1914, Analyse mathématique, I, p. 32) que c'est également le cas pour :

$$x^{999} + y^{999} = z^{999}$$

mais la démonstration rigoureuse du dernier théorème de Fermat (divulgué en 1670) n'existe pas pour un exposant QUELCONQUE (supérieur à 999).

En mathématiques, les vérifications sont des enfantillages de caissier. Afin de se convaincre de la commutativité multiplicande-multiplicateur, seul un juge d'instruction (je viens de le constater, en tant qu'expert) peut avoir l'idée farfelue de compter des bâtons –

```
– – –
– – –          – – – – – – – –
– – –
– – –          – – – – – – – –
– – –
– – –          – – – – – – – –
– – –
```

A votre page 6, il est faux (voir ci-dessus) que « la démonstration a été perdue »; elle est due (trad. angl. 1797) à Leonhard Euler.

Enfin, à la même page, vous n'avez aucun droit de sauter d'une addition à une multiplication. Pas plus que le chanoine Félix KIR, lequel élimine le mystère de l'égalité théologique $\boxed{3 = 1}$, en prenant délicatement (entre le pouce & l'index) la croix grecque + et en lui substituant une croix de Saint-André × par une rotation (dans n'importe quel sens) d'un quart de tour. Mais le fameux plaisantin n'a jamais pu piger que trois anciens élèves de Polytechnique et trois anciens élèves des Mines peuvent être, soit 6, soit 5, soit 4, soit 3 individus!

En outre, vous quittez allègrement les recensements à-la-Kir pour des mesures : c'est alors l'algèbre tout à fait élémentaire, où vos notations peuvent être considérablement simplifiées (après rectification de plusieurs coquilles).

Je reste à votre disposition pour aider à creuser vos « espoir » de la page 9, dont la portée, jusqu'ici, m'échappe, et je vous adresse mon plus amical souvenir.

Marcel Boll

En été, à Valescure (Ligue de l'Enseignement) je me suis progressivement mis à la page de votre trilogie (bientôt tétralogie) de chez Pastorelli.

Je me réjouis de lire les deux nouveaux tomes provençaux! Quel allant!

Lettre à Marcel Boll

24-6-46

Mon cher Maître et ami,

Que de choses depuis Monte-Carlo : certes, nous ne pensions pas que 1946 serait une année aussi grave, grâce d'ailleurs, aux savants de votre espèce. Ce n'est pas un reproche, car je sais bien que si vous étiez personnellement le propriétaire de la bombe atomique, vous lui feriez porter les paquets des vieilles gens.

Mais ce n'est pas l'usage auquel elle semble destinée.

Je suis en vacances, et je lis vos livres. J'adore votre esprit, et votre transparence. Il y a dans une petite brochure une page sur la culture du moi par le Pelmanisme qui est plus drôle que du Molière. Je la lis à haute voix à tous les passants.

Je vous écris pour vous soumettre une expérience de physique que je veux faire, et pour vous demander conseil. En voici le schéma. (Mes connaissances scientifiques sont bornées par les manuels du Baccalauréat, complétés par la lecture de vos ouvrages les plus simples).

Nous savons qu'au-delà de son Point Critique, aucune vapeur ne peut être liquéfiée par une pression quelconque.

Le bon abbé Mariotte nous dit d'autre part que P. V. Constante. (De mauvais esprits affirment que l'abbé n'a pas vu plus loin que le bout des pressions dont il disposait, et que la Constante grandit avec les températures et les pressions. Il doit y avoir une loi qui mesure cet accroissement ?).

Soit un tube d'acier extrêmement résistant. Paroi de 20 cm, autour d'un trou de 1 cm. La contenance totale du tube est de 30 cm^3.

Je remplis exactement ce tube avec 25 cm^3 de mercure, et

5 cm³ d'éther. Je ferme le tube à l'autogène, et je confirme ma soudure par une énorme capsule vissée sur le tube. (voir figure ridiculement dessinée ci-jointe).

Dans le réservoir qui entoure ce bouchon, je verse un bain à 250° (huile de lin ou autre). Ce bain (dont je puis maintenir la température par une résistance électrique) va chauffer l'éther, dont le point critique est à 192°. Quand l'éther atteindra 200° ou 210°, il est évident qu'il sera gazéifié et in-liquéfiable.

Alors, au moyen d'une autre cuve, (à 200° par exemple), je vais chauffer le mercure, qui va se dilater, et comprimer l'état gazeux.

Avec quelle force ? Je n'en sais rien. Les manuels, lorsqu'ils parlent de la force produite par la dilatation des solides, disent qu'elle est « énorme », « immense », « infinie », etc... Ces mots, dans un livre de physique, sont plus déplacés qu'une obscénité au Couvent des Oiseaux. Je suppose, audacieusement, qu'en chauffant le mercure, j'obtiendrai, malgré la dilatation de l'enveloppe, une pression de 30 000 kilos par cm³.

La P.C. de l'éther est de 34 kilos. Nous avions au départ P 34 × 5 cm³ = 170.

Nous aurons à l'arrivée P 30 000 × V = 170 c'est-à-dire que V = 0,006 mm³.

Les 5 cm³ du départ pesaient 4 grammes. Nous avons donc, en haut de notre tube, un gaz dont la densité est de $\frac{4}{6}$ = 0.7 g environ par mm³, soit 7 kilos par cm³, soit 7 000 kilos au litre.

Beaucoup plus lourd que l'uranium.

Tout en continuant à chauffer le mercure, je vide le bain qui chauffait l'éther, et je le remplace par un courant d'eau froide. Dès que l'éther sera au-dessous de ma température. Crit. 192, il va vouloir se liquéfier. Mais il lui faudrait un volume de 5 cm³, et son espace vital est réduit à 6 mm³.

Que va-t-il se passer ?

Hypothèses romanesques

1° L'éther va se transmuer en un solide stable du poids spécifique de 7 tonnes par litre, que nous vendrons 1 000 000 de dollars à un laboratoire américain.

2° L'éther va se transmuer en un corps instable, dont les atomes trop rapprochés se bombarderont mutuellement. Fin de l'expérience et des expérimentateurs.

3° Quelle que soit son épaisseur, le tube va péter quand l'éther se refroidira, et se liquéfiera avec une force « infinie ».

Résultat profitable : si, avec une quantité de chaleur finie, nous obtenons une force infinie, nous avons trouvé le mouvement dit perpétuel.

4° L'éther, d'abord, ne se laissera pas comprimer jusqu'à perdre plus de la moitié de son volume originel.

Ensuite, même s'il n'a perdu que le $\frac{1}{3}$ de son volume initial, il refusera de se liquéfier au-dessous de son point critique.

Dans ce cas, ce n'est pas le tube qui pétera, mais les lois de Mariotte, et de Faraday : et les courbes d'Amagat en seraient étrangement cabossées.

Que pensez-vous de cette rêverie ?

Vous qui savez tout, dites-moi s'il vaut la peine de faire construire ce tube à malices, et s'il vous plairait de diriger les expériences. Je crains, d'ailleurs, qu'avec deux ou trois équations de votre cru, mes hypothèses ne soient réduites à des billevesées.

Je vous envoie mes sentiments, les meilleurs.

Marcel Pagnol
Moulin d'Ignère à PARCE (Sarthe)

Lettre de Marcel Boll

Mon cher ami et académicien,

Vous fîtes fort bien de me prendre comme confesseur laïque : cela valait mieux que de mettre dans le secret vos petits copains Maurice et Louis.

D'abord, j'ai retrouvé le ton des confidences (sur une question très voisine) que vous aviez couchées par écrit il y a quatorze ans déjà. Ce qui me valut de recevoir, avec quelques autres récits profitables, cet inénarrable Topaze, auquel – dans une étude sous presse chez Calmann-Lévy avec mon frère – je vais avec joie donner un regain d'actualité. Je ne veux pas vous envoyer mes œuvres, mais je joins, à ce mot, en hommage et avec le mode d'emploi, les trois pages sur le sujet qui vous inquiète. Il s'agit de mes *Tables universelles pour les laboratoires et les bureaux d'étude*, en chantier depuis 1942, pour lesquelles trois imprimeurs se sont déclarés forfait et qui paraissent chez Dunod dans les mois qui vont suivre : 890 pages, 122 graphiques, à 3 500 francs l'exemplaire et dont 20.000 partiront en Amérique.

Je m'explique mal l'attrait permanent que les phénomènes critiques exercent sur votre curiosité. Vous avez prévu, à la fin de votre lettre, que deux ou trois équations..., mais vous êtes doublement excusable : rien, dans mes ouvrages « les plus simples » (comme vous dites), ne pouvait vous guider (je n'en parle que dans le *Précis de physique* et dans le *Traité de chimie physique*), et les manuels de Baccalauréat sont monumentaux d'incompréhension, comme toutes les fois qu'il s'agit de questions tant soit peu délicates.

Vous vous êtes réglé sur de méchants modèles, comme disait Molière, votre ancêtre commun.

Il est certes exact qu'au-delà de son point critique, aucune vapeur ne peut être liquéfiée par une compression quelconque.

Mais cette phrase conduit à des absurdités, si l'on n'ajoute pas *sur-le-champ* : au-delà de son point critique, aucun liquide ne peut être vaporisé par une dépression quelconque. (Les manuels sont *ineptes* de laisser cette symétrie dans l'ombre!)

Voici ce que cela veut dire : l'éther bout normalement à 35 °C. Si, dans un tube vide d'air, nous avons placé de l'éther, il aura à 35° l'apparence ci-contre (à gauche, le liquide L et la vapeur V seront à la pression d'une atmosphère (pratiquement 1 kilogramme par cm²).

Il est facile d'imaginer qu'on puisse avoir deux demi-tubes, dessinés à droite, d'abord à 35 °C, que nous porterons ensuite à 250 °C. Mais, à cette température, le tube de gauche continuera à renfermer de la vapeur d'éther et le tube de droite, de l'éther liquide.

La seule différence avec ce que nous constatons sous la pression habituelle (qui est – par hasard – toujours *très inférieure* à la pression critique), c'est que, à 250 °C :

1° Si l'on diminue convenablement le volume du tube de gauche, on obtiendra le même liquide que celui qui est à droite.

2° Si l'on augmente convenablement le volume du tube de droite, on obtiendra la même vapeur que celle qui est à gauche.

Tout le mystère est là.

Cette transformation est continue (avec tous les stades intermédiaires) : il n'apparaît *jamais* de surface de séparation *(d'inferface)*, comme celle que nous observions à 35 °C.

Jetons maintenant, si vous le voulez bien, un coup d'œil sur la page 204. L'équation de Van der Waals est celle qui remplace (en première approximation) l'équation de Mariotte. A cette approximation-là, elle s'applique à tous les corps possibles et imaginables : oxygène, éther, eau, mercure, étain,...

Pour l'éther, voici les données admises : temp. cr. + 194 °C press. cr. 36 atm vol. cr. 274 cm.

Je vous rappelle que le volume critique est le volume occupé par une molécule-gramme :

$$C_2H_5 - O - C_2H_5 = 74 \text{ g}$$

au point critique (l'éther alors a une densité de 0,26 g par cm³), tandis que, dans notre premier tube, la densité atteignait 0,71 g par cm³. L'éther, au point critique, est donc un « liquide » – très léger sans doute, mais *c'est loin* d'être un gaz.

En laissant constante cette température de + 194 °C, l'éther deviendrait un liquide lourd par compression et un gaz par dépression.

Dans l'expérience que vous imaginez, le mercure ne joue pas un rôle essentiel (on obtiendrait des pressions bien plus fortes par le principe du piézomètre : enfoncement d'un piston ou d'une vis, avec presse hydraulique, levier, etc.). Les plus hautes pressions sont atteintes et *mesurées* aux U.S.A. par P.W. Bridgmann, qui dépasse depuis longtemps (1912) 50.000 atm. A titre d'exemple, il suffit de supposer qu'on enferme dans un tube d'acier épais 100 cm³ d'éther liquide à la température ordinaire (je prends 100 cm³, parce que le poids est 74 g. Voici ce que donnent instantanément mes *Tables* :

$$x = \frac{v}{274} = \frac{100}{274} = 0{,}35$$

$$y = \frac{p}{36} \text{ (c'est l'inconnue)}$$

$$z = \frac{t + 273}{194 + 273} = \frac{250 + 273}{194 + 273} = \frac{523}{467} = 1{,}1$$

A la page 204 et plus directement encore à la page 205, on voit :

(dans la colonne z – 1,1 et sur la rangée x = 0,35)
y = 151,5 d'où : p = 151,5 × 36 = 55 000 atm (kg par cm²)

La pression est manifestement beaucoup plus grande que celle (3 000 kg par cm^2) qui règne à l'intérieur des armes à feu, lesquelles éclatent parfois! L'ordre de grandeur est le même que ce qu'a réalisé Bridgmann avec toutes les ressources de la technique américaine et en y consacrant vingt ans de sa vie.

Adieu veau, vache, cochon, couvée (équivalents poétiques d'« hypothèses romanesques », et gare la casse! Soyez, au surplus, assuré que l'éther n'aurait pas changé de propriétés : on aurait tout bonnement la gloire de fabriquer un liquide, qui, à 250 °C aurait *la même* densité que notre brave éther à 35 °C.

Et surtout fuyez les manuels comme la peste! Ils s'écartent autant de la réalité que l'abécédaire de Topaze, et ce n'est pas peu dire...

Toujours à votre disposition pour plus amples détails, et croyez-moi bien sympathiquement vôtre,

Marcel Boll

Lettre de Paul Montel

2 octobre 1963

Mon cher Confrère et Ami,

Oui, chaque génération se hisse sur les épaules des génies qui l'ont précédée. Votre phrase m'a rappelé l'image pittoresque de Claude Bernard : « Dans la science, il y a les géants et les pygmées; mais il arrive que les pygmées montent sur les épaules des géants et voient plus loin qu'eux. »

Les résultats scientifiques ne gardent pas trace de celui qui les a obtenus : ils appartiennent à tous, pleinement. Les œuvres littéraires ou artistiques enferment une partie de l'âme de leur auteur. Aussi ne peut-on utiliser en les ajoutant Rembrandt et Renoir mais seulement apprendre de chacun d'eux un emploi nouveau de la lumière.

Toutefois, certains génies scientifiques ont une vision si lointaine et si profonde de la vérité que leurs découvertes n'atteignent que beaucoup plus tard – parfois plusieurs siècles – leur plein rendement. C'est le cas d'Archimède, de Léonard de Vinci.

Oui, le carré de l'hypoténuse ou la somme des angles du triangle ont une valeur esthétique qui les rapproche de la Vénus de Milo, mais cette beauté, purement intellectuelle, n'intéresse aucun sens. C'est pourquoi, lorsque je suis seul et désire m'offrir un plaisir de cette nature, je ne me récite pas un théorème, mais un poème, et à haute voix, pour que mes oreilles participent.

Venons-en aux cubes et aux carrés.

Je n'arrive pas à bien concevoir l'unité-racine. Sans doute, si j'ajoute une unité à deux autres, le cube passe de 8 à 27 et a gagné 16. Mais ce n'est pas la troisième unité qui en est responsable, c'est l'union des trois qui fait la force.

Si j'ajoute un convive à une table de deux, il arrive souvent que l'on mange et boive davantage. Cela donne-t-il au troisième convive une valeur plus grande que celles des autres ?

Représentons l'unité par un de ces petits cubes des jeux d'enfant. Si l'on m'en donne 27 je puis bâtir un cube de côté 3. Il convient bien des files de 3 unités et je ne puis en désigner une prévilégiée.

Si l'on m'en donne 35, je puis bâtir ensemble un cube de côté 2 et un cube de côté 3. Mais je ne puis en bâtir un avec les 35.

Pour les carrés, je trouve vos démonstrations fort ingénieuses. Pour résoudre l'équation

$$X^2 + Y^2 = Z^2$$

en nombres entiers, vous vous donnez X. S'il est impair, vous encadrez X^2 entre deux carrés consécutifs et vous résolvez le problème avec Y et $Z = Y + 1$.

Votre méthode est aussi valable pour X pair, $X = 2^p X_1$, X_1 impair. Vous trouverez Y_1 et Z_1 vérifiant

$$X_1^2 + Y_1^2 = Z_1^2.$$

Multiplions tout par 4^p, il vient

$$X^2 + (2^p Y_1)^2 = (2^p Z_1)^2.$$

Vous avez ainsi établi que, X étant un entier pris au hasard, vous pouvez lui adjoindre les entiers Y et Z tels que $X^2 + Y^2 = Z^2$.

Votre méthode donne une solution et il n'y en a qu'une pour les valeurs 7 ou 11 que vous traitez. Mais il arrive qu'il existe plusieurs solutions pour une valeur donnée de X et votre solution est celle qui fait appel au plus grand des Y.

Par exemple, pour X = 15,

$$15^2 + 8^2 = 17^2,$$
$$15^2 + 112 = 113^2.$$

Pour X = 105,

$$105^2 + 88^2 = 137^2$$
$$105^2 + 208^2 = 233^2$$
$$105^2 + 608^2 = 617^2$$
$$105^2 + 5512^2 = 5513^2.$$

On obtient ces solutions par un procédé voisin du vôtre, mais je ne veux pas vous assommer de mes calculs.

Vous m'avez donné bien des joies avec vos œuvres, des joies, psychologiques. Vous leur ajoutez maintenant des joies mathématiques. Je suis comblé.

Votre solidement et cordialement attaché

Paul Montel

D'où vient cet appétit de mathématiques qui s'est emparé des hommes de lettres et des artistes ? Valéry, avec qui j'étais très lié, me posait de nombreux problèmes; J. Romains m'apporte parfois des formules de mécanique céleste; P. Vallery-Radot m'a fait expliquer à l'hôpital Broussais l'insuffisance des mathématiques en médecine, etc. Et je ne parle pas du vieux nombre d'or de Pythagore dont les peintres sont friands, qui paraît avoir une action magique comme le carré de la Melancholia d'Albert Dürer.

Lettre de François le Lionnais

Le 21 octobre 1963

Cher Marcel Pagnol,

Votre lettre m'a plongé dans un abîme de remords. J'avais lu (lu ou bu ?) d'une traite l'« Eau des Collines » quelques jours après notre rencontre et je me promettais bien de vous écrire pour vous dire, non seulement mon admiration, mais surtout mes remerciements pour le plaisir que je vous dois. Et puis, bien sûr, la vie et mille obligations m'ont englouti et je vous reviens, honteux de mon ingratitude.

Arrivons-en à ces entiers de la forme (6n + 1) dont certains se trouvent aussi être des multiples de carrés. Et d'abord, rassurez-vous, vous n'êtes pas le seul dont les nombres perturbent le sommeil. Il ne se passe guère de nuit où je ne leur consacre quelques quarts d'heures entre un réveil prématuré et l'heure du lever.

Le problème que vous me posez n'est pas redoutable mais il est loin d'être naïf. Il relève de ce chapitre de la Théorie des Nombres qui s'appelle la Théorie des Congruences et qui a été mis en forme par Gauss. C'est, en gros, la Théorie de la divisibilité des nombres entiers. Quand vous aurez une heure à gagner faites un saut chez moi ; je me ferai une joie de vous introduire dans le vestibule (ou, peut-être, s'agissant d'un temple, devrais-je dire le narthex) de cette merveilleuse discipline qui débouche dans la, non moins admirable, Théorie des Groupes.

Revenons à votre question. Voilà une petite note qui, je l'espère, lui répondra. Je l'ai rédigée si rapidement que je n'exclus toutefois pas une possibilité d'erreur, mais cela m'étonnerait.

Si mon texte vous paraît obscur ou trop condensé, n'hésitez pas à me le dire; une deuxième fois sur le métier je remettrai mon ouvrage.

Alors, à bientôt, et croyez, cher Marcel Pagnol, à mes sentiments très amicalement dévoués.

F. Le Lionnais

P.S. : De « Manon des Sources », aucun passage ne m'a autant ravi que cette remarque d'Ugolin : « Si elle était moins belle, je l'aimerais autant, et ça serait plus facile... »

F. Le Lionnais

Boulogne le 17 octobre 1963

Le Théorème de Marcel PAGNOL

1° Les nombres (6n + 1) sont évidemment impairs. Ils peuvent se terminer par n'importe quel chiffre impair : 1, 3, 5, 7, 9. Il en existe une ∞té de chacune de ces 5 sortes.

2° Les carrés ne peuvent se terminer que par : 0, 1, 4, 5, 6, 9.

3° Certains carrés sont de la forme (6n + 1); ou, ce qui revient au même, certains (6n + 1) sont des carrés. Il y en a même une ∞té (connus depuis longtemps). Ce. ne peuvent être, évidemment que des carrés impairs (ce qui exclut ceux terminés par 0, 4 ou 6) donc terminés par 1, 5 ou 9.

Exemples : 121, 625, 49.

Il en existe une ∞té de chacune de ces 3 sortes.

4° Considérons un (6a + 1) quelconque (carré ou pas) et la suite de tous ses multiples. Certains d'entre eux seront, eux aussi, de la forme (6k + 1); ce seront évidemment les produits (6a + 1) (6b + 1) avec a donné et b variable (Démonstration : (6a + 1) × (6b + 1) = 36 ab + 6a + 6b + 1, polynôme dont les trois premiers monômes sont des multiples de 6). Il existe donc une coté de ces multiples de (6a + 1) qui sont, eux aussi, de la forme (6k + 1).

5° Considérons les carrés de la forme (6n + 1). D'après le 3°, il en existe une ∞té. Prenons l'un d'eux et la suite de ses multiples. D'après le 4°, il existe une ∞té de ces multiples qui sont, eux aussi de la forme (6n + 1).

Prenons d'abord le cas d'un carré terminé par 1 et de la forme (6n + 1). Multiplions-le par tous les nombres de la forme (6n + 1); soit, par : 7, 13, 19, 25, 31, etc... (inutile d'aller plus loin on retrouverait les mêmes chiffres terminaux). Ses multiples seront donc terminés par :

$$1 \times 7 = 7;\ 1 \times 13 = 3;\ 1 \times 19 = 9;\ 1 \times 25 = 5;\ 1 \times 31 = 1$$

Certains d'entre eux seront notamment terminés par 1, 7 ou 9 et il y en aura une ∞té de chacune de ces 3 sortes.

Prenons ensuite le cas d'un carré terminé par 9 et de la forme (6n + 1). Multiplions-le par 7, 13, 19, 25, 31 etc... Ses multiples seront terminés par :

$$9 \times 7 = 3;\ 9 \times 13 = 7;\ 9 \times 19 = 1;\ 9 \times 25 = 5;\ 9 \times 31 = 9.$$

Certains d'entre eux seront notamment terminés par 1, 7 ou 9 et il y en aura une ∞té de chacune de ces 3 sortes.

(Remarque : On écartera les carrés terminés par 5 car leurs multiples seraient terminés par 5 et ils ne répondraient pas à la condition initiale.)

6° *Conclusion* : Il existe donc une ∞té de carrés, (mais pas tous) et pour chacun une ∞té de multiples de la forme (6n + 1) (mais pas tous) terminés par 1, ou 7 ou 9.

Ou, ce qui revient au même; Il existe donc une certaine ∞té de nombres de la forme (6n + 1), terminés par 1, ou 7, ou 9 qui sont divisibles par un carré.

Exemple : 49, 49 × 13 = 637, 49 × 19 = 931

Ces trois nombres sont chacun de la forme 6n + 1, chacun divisible par 7^2 et terminés respectivement par 9, 7 et 1. On en trouverait une ∞té d'autres dans la même suite : 49 × 31, 49 × 43, 49 × 49, etc. mais la plume me tombe des mains au moment de faire les multiplications.

Lettre de François Le Lionnais

Paris, le 23 avril 1964

Cher Marcel Pagnol,

Deux mots seulement pour répondre à votre dernière lettre.

Effectivement, il n'est pas difficile de démontrer – c'est presque immédiat – que la somme de deux cubes égaux dont le côté est un nombre entier ne peut pas être égale à un cube dont le côté serait également un nombre premier. Si $2x^3 = y^3$ il est impossible que x et y soient simultanément entiers. Mais c'est là un cas trivial du Théorème de Fermat; le cas où les deux cubes sont inégaux est plus difficile à démontrer... mais il a été démontré par Euler en 1774.

Avez-vous remarqué que le fait que tout cube est la somme de 6 « pyramides parfaites » (au sens que vous donnez à cette expression) correspond simplement au fait que si l'on joint le centre d'un cube à ses 8 sommets on obtient 6 « pyramides parfaites ». Il en résulte immédiatement que le double ou la moitié d'une pyramide parfaite ne peut être une pyramide parfaite.

Mais qui a-t-il de parfait en ce bas monde?

Croyez-moi bien cordialement vôtre.

F. Le Lionnais

Lettre du Dr F. Rimattei

Marseille le 6/11/1942

Mon cher ami

Je viens de terminer le 3e essai que tu m'avais demandé en appliquant la méthode de Hillebrand. (Amer. Journ. of Science 1898 (VI) p. 209).

Le premier essai avait été négatif, le 2e douteux le 3e est également négatif.

Il s'agit plutôt d'essais *qualitatifs* et même pour cela je ne suis pas actuellement bien outillé (manque de gaz pour faire les pressions, absence de certains réactifs qui m'auraient permis d'employer une méthode plus rapide et plus sûre.

Conclusion s'il y en a il doit y en avoir moins de 200 000 mais, je le répète, les conditions dans lesquelles j'ai opéré ne me permettent pas une affirmation absolue des résultats.

Pour donner une réponse vraiment précise, il faudrait s'adresser à un *laboratoire spécialisé* dans l'étude des minerais (il faut faire d'abord un échantillonnage soigné sur des quantités importantes de minerai, homogénéiser le tout et procéder ensuite par macrométhode à semi-macrométhode. Le laboratoire Gadais 25 rue Dante à Marseille, tél. Dragon 03.77 pourrait très bien faire ce travail s'il consent à s'en charger. J'ai été vivement ému par la nouvelle de ton récent accident mais j'ai été vite rassuré par tes collaborateurs. Je pense que tu es tout à fait bien maintenant et en attendant le plaisir de te revoir reçois mes affectueux compliments.

Mes respectueux hommages à Josette Day avec mes vœux de bonne santé.

Dr F. Rimattei

Lettre d'A.M. Cobbaert
[Graphologue]

Bruxelles le 8/9/1963

Cher Monsieur,

Votre lettre ma profondément touchée par sa simplicité, sa gentillesse. Et votre envoi de livres m'a comblée. Je vous en remercie infiniment.

Lorsque je viendrai à Paris – j'y viens très souvent pour ma profession, je me permettrai de vous demander une entrevue, puisque vous avez la grande amabilité de me la proposer.

Votre écriture – j'ai hâte d'en parler – est vraiment belle. Vous dîtes qu'elle devient plus grande, elle est, en tout cas, très harmonieuse et équilibrée. Très riche aussi. J'y trouverai largement de quoi faire une chronique graphologique.

Ce que j'en dirai tout de suite : elle indique un sens esthétique vraiment remarquable, une grande élégance de pensée. Une richesse, aussi, de vie intérieure qui se retrouve dans votre œuvre. Elle est très expressive et très originale. La loyauté y éclate. Et aussi une certaine combativité. Nuancée par beaucoup d'indulgence, de compréhension. Une petite remarque qui ne doit pas vous inquiéter mais simplement vous avertir : veillez à votre santé, elle me semble laisser à désirer. Vous avez besoin de calme et de repos. Je souhaite que le séjour de Cagnes vous ait été vraiment salutaire et profitable, car celui de Paris, s'il est indispensable pour le vie de l'esprit, n'a vraiment rien de reposant et d'apaisant à présent!

Veuillez agéer, Cher Monsieur, avec mon admiration confirmée par un premier examen de votre écriture, l'expression de mes sentiments très distingués.

A.M. Cobbaert

Annexe 1

N° 815.258

· LIBERTÉ · ÉGALITÉ · FRATERNITÉ ·

RÉPUBLIQUE FRANÇAISE

MINISTÈRE DU COMMERCE ET DE L'INDUSTRIE

BREVET D'INVENTION

SANS GARANTIE DU GOUVERNEMENT

DIRECTION DE LA PROPRIÉTÉ INDUSTRIELLE

BREVET D'INVENTION

DÉLIVRÉ SANS GARANTIE DU GOUVERNEMENT

Sous le Nº 875.258

LE MINISTRE DU COMMERCE ET DE L'INDUSTRIE

Vu la loi du 5 Juillet 1844, modifiée par les lois des 31 Mai 1856 et 7 Avril 1902, par l'article 58 de la Loi de finances du 26 Décembre 1908, et par l'article 51 de la Loi de finances du 31 Décembre 1921.

Vu le procès-verbal dressé le 19 Avril 1936 à 11 heures 45 minutes à l'Office national de la Propriété Industrielle

ARRÊTE :

ART. 1er — Il est délivré à M. Marcel Pagnol, représenté par M. Armengaud Jeune, Paris un brevet d'invention de quinze années, qui ont commencé à courir au jour du procès-verbal susindiqué, pour

Procédé de blocage et rondelle servant à la mise en œuvre du procédé.

ART. 2 — Le présent arrêté constituant le brevet d'invention, est délivré conformément à l'article 11 de la loi du 5 Juillet 1844, modifiée par les lois des 31 Mai 1856 et 7 Avril 1902, portant que « les brevets dont la demande aura été régulièrement formée seront délivrés sans examen préalable, aux risques et périls des demandeurs et sans garantie soit de la réalité, de la nouveauté ou du mérite de l'invention, soit de la fidélité ou de l'exactitude de la description »

Et cet arrêté demeurera joint un exemplaire imprimé de la description et du dessin déposés à l'appui de la demande de brevet.

Une ampliation du présent arrêté sera délivrée au demandeur.

Paris, le 5 Avril 1937

Pour le Ministre et par délégation :
Le Directeur de la Propriété industrielle.

G. LAINEL.

Pour expédition certifiée conforme,
Le Chef de Bureau,

(Voir ci-après les Extraits de la loi du 5 juillet 1844 et de la loi du 31 Décembre 1921).

RÉPUBLIQUE FRANÇAISE.

MINISTÈRE DU COMMERCE ET DE L'INDUSTRIE.

DIRECTION DE LA PROPRIÉTÉ INDUSTRIELLE.

BREVET D'INVENTION.

Gr. 5. — Cl. 3. N° 815.258

Procédé de blocage et rondelle servant à la mise en œuvre du procédé.

M. Marcel PAGNOL résidant en France (Seine).

Demandé le 19 mars 1936, à 14h 48m, à Paris.
Délivré le 5 avril 1937. — Publié le 8 juillet 1937.

[Brevet d'invention dont la délivrance a été ajournée en exécution de l'art. 11 § 7 de la loi du 5 juillet 1844 modifiée par la loi du 7 avril 1902.]

On a déjà cherché à rendre les boulons indesserrables en immobilisant ou bloquant les écrous au moyen de rondelles fendues ou hélicoïdales vissées sur le boulon, mais jusqu'à présent, ces moyens de blocage n'ont pas donné satisfaction ; il est vraisemblable que le blocage obtenu était insuffisant et qu'en outre, la mise en place de la rondelle était trop délicate pour pouvoir être effectuée par un ouvrier non spécialiste.

La présente invention a tout d'abord pour objet un mode de blocage des écrous en vue de les rendre indesserrables, qui est extrêmement simple, très facile à réaliser et d'un prix de revient très peu élevé. Il consiste à enfiler sur le boulon ou tige filetée en arrière de l'écrou, une rondelle conique et plus généralement de forme concave et de section quelconque dont le trou central a un diamètre très légèrement supérieur au diamètre extérieur du boulon jusqu'à ce qu'elle vienne au contact de l'écrou, puis à aplatir ladite rondelle, ce qui oblige le bord à angle vif de son trou à pénétrer partiellement et à se coincer dans les filets du boulon empêchant ainsi tout desserrage ultérieur de l'écrou.

L'invention s'étend aussi aux rondelles coniques ou autres de blocage, constituant un produit industriel nouveau et à un mode d'exécution particulier de l'outil servant à la mise en place et au retrait des rondelles.

Suivant une variante, les rondelles peuvent être utilisées pour remplacer les écrous, deux ou plus de deux rondelles de forte épaisseur étant, dans ce cas, aplaties successivement l'une à côté de l'autre de manière que les bords de leurs trous s'engagent dans des rainures ménagées sur la tige qui peut être lisse ou filetée.

L'outil destiné à la mise en place et au retrait de ces rondelles, peut être constitué par un manchon dont le trou central a un diamètre légèrement supérieur à celui de la tige du boulon et sur lequel on frappe à coups de marteau pour aplatir la rondelle. Ce manchon présente de chaque côté de son trou central et parallèlement à son axe, deux autres trous dans lesquels on engage des burins ordinaires pour fendre les rondelles radialement au moment où l'on veut libérer l'écrou ou défaire l'assemblage.

La description qui va suivre, en regard du dessin annexé, donné à titre d'exemple, fera bien comprendre de quelle manière l'invention peut être réalisée.

Les fig. 1 à 3 montrent différentes formes de rondelles plus ou moins hautes, la fig. 3 représentant la rondelle coupée suivant son axe.

La fig. 4 en est une vue en plan.

La fig. 5 montre comment on introduit la rondelle sur la tige du boulon.

La fig. 6 montre cette rondelle aplatie et en position de blocage.

La fig. 7 est une vue en élévation, partiellement en coupe longitudinale, de l'outil servant à placer la rondelle.

La fig. 8 en est une vue en bout.

La fig. 9 montre une variante d'utilisation des rondelles de blocage dans le cas où elles remplacent un écrou.

La rondelle de blocage 1 qui fait l'objet de l'invention présente une forme conique et possède une hauteur qui dépend de l'usage que l'on veut en faire et évidemment, de la nature du métal employé pour la fabrication de la rondelle, du métal de la tige filetée, de la profondeur du filet, et même de la dimension de l'écrou à bloquer. Sur la fig. 1, on a représenté une rondelle basse sur la fig. 2, une rondelle de hauteur moyenne et sur la fig. 3 une rondelle haute, mais dans tous les cas, le diamètre *d* du trou est égal au diamètre intérieur de l'écrou qu'elle doit bloquer ou remplacer, alors que le diamètre extérieur D de cette rondelle est égal au diamètre extérieur de ce même écrou. De plus, l'angle ou sommet du cône peut être compris entre 100° et 150°. En tous cas, l'expérience a prouvé qu'avec de la tôle d'acier mince, telle que la tôle de fumiste, une rondelle pareille à celle de la fig. 3 ne se déchire pas, et se bloque admirablement. Cette rondelle 1 assure le blocage grâce à la pénétration de son bord 1ᵃ à angle vif dans les filets du boulon lorsque l'on aplatit la rondelle au moyen d'un outil approprié.

Sur les fig. 5 et 6, on a représenté un mode de blocage d'un écrou 2 sur la tige d'un boulon 3 et on a supposé que ce boulon serrait deux pièces 4 et 5. Pour bloquer l'écrou 2, on le visse sur le boulon jusqu'à ce que l'on obtienne le serrage désiré. Ensuite, on introduit la rondelle 1 (fig. 5) sur la tige du boulon et on la pousse jusqu'à ce que son sommet 1ᵃ touche l'écrou (position indiquée en traits mixtes sur la fig. 5).

A ce moment, à l'aide de l'outil 6 qui est représenté sur la fig. 7 et qui comprend un trou central 7 correspondant au diamètre du boulon et deux trous latéraux 8, parallèles au trou 7, destinés au passage des burins 9 on aplatit la rondelle 1 comme l'indique la fig. 6 et à ce moment, son arête 1ᵃ pénètre dans le filet du boulon puisque le trou a tendance à rétrécir proportionnellement à la hauteur du cône initial. Les bords du trou mordent dans la tige filetée d'une façon suffisamment profonde pour immobiliser l'écrou définitivement.

Pour débloquer l'écrou, il suffit d'engager dans l'outil 6, deux petits burins 9 dont les parties tranchantes 9ᵃ pénètrent dans un évidement 8ᵃ de l'outil puis de placer cet outil dans la même position que celle qui est indiquée sur la fig. 6 et de donner un coup de marteau sur les deux burins. La rondelle est alors fendue radialement en deux points et se détache facilement pour permettre le dévissage de l'écrou.

Il est évident qu'au lieu d'utiliser le filetage sur la tige, on peut creuser deux ou trois gorges parallèles 10 (fig. 9) aussi voisines que possible à l'endroit où l'on aurait dû placer l'écrou. On glisse une première rondelle 11 du calibre convenable et on l'aplatit de manière que le bord de son trou s'engage dans la première gorge 10. Ensuite, on procède de la même façon pour les rondelles suivantes. On conçoit que ces rondelles devront être plus épaisses que les rondelles de blocage d'écrou mais leurs bords n'auront pas besoin d'être aiguisés pour pénétrer dans la matière de la tige.

Il va de soi que des modifications de détails pourront être apportées à la rondelle qui vient d'être décrite, sans pour cela sortir du cadre de la présente invention. En particulier, elle pourra être réalisée en toute matière appropriée.

En outre, il est évident que l'invention n'est pas limitée aux rondelles de forme conique, mais s'étend à toute rondelle concave, par exemple en forme de cuvette, que l'on déforme par pression de manière que le bord de son trou central s'engage dans les filets du boulon.

RÉSUMÉ.

L'invention concerne :

1° Un procédé de blocage des écrous ou des pièces à assembler qui consiste à enfiler sur le boulon ou tige d'assemblage en arrière de l'écrou ou en arrière des pièces à assembler, une rondelle conique ou de forme générale concave dont le trou central présente un diamètre très légèrement supérieur au diamètre extérieur de la tige ou boulon jusqu'à ce qu'elle vienne au contact de l'écrou ou des pièces à assembler, puis à aplatir ladite rondelle, ce qui oblige le bord à angle vif de son trou, à pénétrer partiellement et à se coincer dans la tige ou boulon d'assemblage ;

2° Un dispositif de blocage d'écrou constitué par une rondelle conique ou de forme générale concave dont le trou a un diamètre très légèrement supérieur au diamètre extérieur de la tige ou boulon, cette rondelle pénétrant partiellement par son bord intérieur dans la tige du boulon lorsqu'on l'aplatit au moyen d'un outil spécial et empêchant ainsi le desserrage de l'écrou ;

3° Un mode d'exécution du dispositif de blocage spécifié en 1° dans lequel la rondelle conique est épaisse et remplace l'écrou de blocage, deux ou plus de deux rondelles pouvant être disposées côte à côte et pénétrer dans des gorges prévues sur la tige d'assemblage filetée ou lisse ;

4° Un outil destiné à la mise en place et au retrait des rondelles spécifiées en 1° et 2°, cet outil étant constitué par un manchon cylindrique comportant un trou axial ayant un diamètre égal ou très légèrement supérieur à celui de la tige sur laquelle est montée la rondelle et deux trous latéraux parallèles au premier dans lesquels on engage des burins permettant de cisailler la rondelle pour son démontage, ces trous latéraux présentant des évidements destinés à recevoir la partie tranchante des burins.

Marcel PAGNOL.

Par procuration :

Armengaud jeune.

Pour la vente des fascicules, s'adresser à l'Imprimerie Nationale, 27, rue de la Convention. Paris (15e).

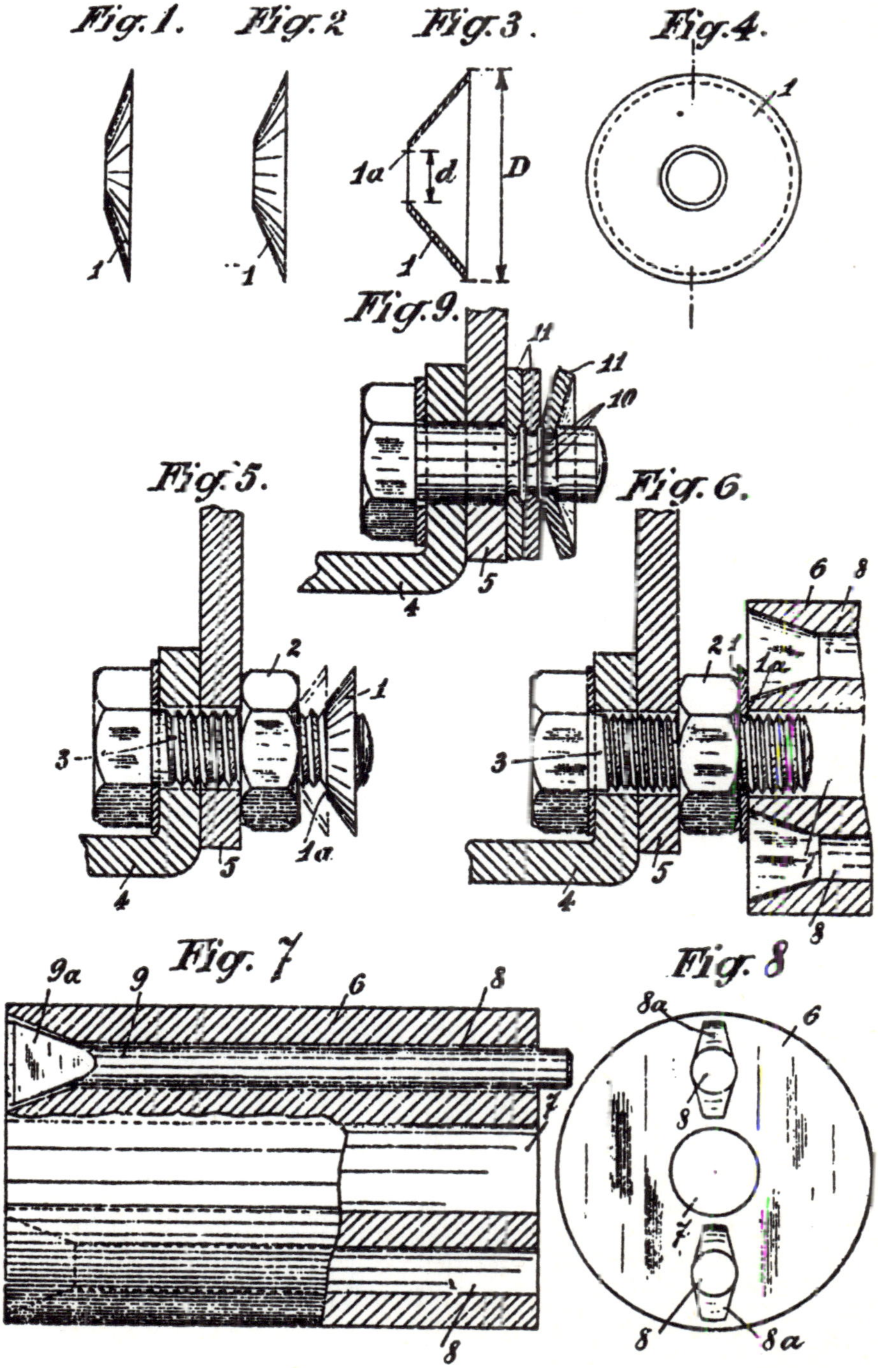
Fig. 1.
Fig. 2
Fig. 3.
Fig. 4.
Fig. 5.
Fig. 6.
Fig. 7
Fig. 8
Fig. 9.
1
1a
d
D
2
3
4
5
6
7
8
8a
9
9a
10
11

TABLE DES MATIÈRES

Les illustrations contenues dans cet ouvrage
sont dues *à :*

G. L. Manuel Frères (1), Agence France Match (24), Studios et Laboratoires (2, 3), Paul Guglielmo (7, 13), Erpé (17), G. Detaille (9, 21), Denis Freppel (24), Paris Match (27, 51), Jeannelle (32), G. Pressenda (35), Jean Lenoir (38, 54), Bureau Parisien (40), J. Lajournade (41), André Sas (52), Hachette (49), J. Y. Lucas (53) et à une collection personnelle de la famille.

Direction technique : Claude Fagnet
Maquette : Ranko Tolic
Attachées de presse : Suzanna de Bokay, Dominique Faber

Cet ouvrage a été réalisé sur
Système Cameron
par la SOCIÉTÉ NOUVELLE FIRMIN-DIDOT
Mesnil-sur-l'Estrée
pour le compte des Éditions Vertiges du Nord/Carrere
le 19 décembre 1986

Imprimé en France
Dépôt légal : décembre 1986
N° d'édition : 5378 – N° d'impression : 5743